Recettes simples de la cuisine
française avec une marmite

フランス人が
好きな3種の
軽い煮込み。

上田淳子

Introduction

煮込み料理＝じっくりコトコト、と思っていませんか？

フランス人がこよなく愛する料理に、「軽い煮込み」というものがあります。種類は多いものの、その作り方はとてもシンプル。肉や魚を焼きつけてとり出し、ワインを煮詰めて煮汁を作り、そこに具材を戻し入れてさっと煮るだけの調理法です。食材にもよりますが、ほとんどの料理が10分ほど煮込めばでき上がります。

じっくりコトコト煮込むことで素材がほぐれてやわらかくなり、ソースも濃厚に煮詰まる料理（ビーフシチューなど）こそが煮込みだと思っていた私にとって、この「軽い煮込み」は、衝撃の調理方法でした。そして、フランス人から、この煮込みは素材の“煮えばな”がおいしさの秘訣ということも教えられました。特に、私たちが日頃使う、鶏肉、豚肉、魚は、煮込むことで、パサついたり、だしガラのようになることもしばしば。そうなのです。これらの素材こそ「煮えばな＋しっかり煮詰めたソース状の煮汁」で仕上げる「軽い煮込み」が最適だったのです。

「軽い煮込み」は、大きく3つに分けられます。
クリーム味の白い煮込みは「フリカッセ」。
煮汁の量が多いものは「スープ」。
それ以外のものは「ソテー」。「ソテー」というと日本では「炒めもの」を意味しますが、フランスでは焼きつけた後にさっと煮たもののことをいいます。

この3つを知れば、日々の食卓がより豊かなものになります。おいしいのはもちろん、道具をひとつしか使わずに短時間で作れ、しかも簡単。作り置きにもむき、忙しいときや、食事時間が違う家族がいても安心です。
日本の食卓でも、フランスの調理法「軽い煮込み」が愛されることを願っています。

上田淳子

Sauté
思い出のソテー
「豚肉のシャルキュティエール」

(作り方 P.022)

その昔、ソテーという料理が炒めものではなく軽い煮込みであることを知るきっかけとなった一品が「豚肉のシャルキュティエール」。シャルキュティエールとはハム、ソーセージ、パテなど豚肉加工品（シャルキュトリー）の職人を指し、彼らが身近にあるコルニッション（小ぶりなきゅうりのピクルス）やマスタードなどと豚肉とで作った軽い煮込みがこの料理の始まりといわれます。フランスのシャルキュトリーで働いていた私にとっては、とても懐かしい味。シンプルなトマトソースにコルニッションやマスタードの酸味が加わることで味に深みが増し、軽く煮込むことでさらにうまみが重なり合う。手早く豚肉をおいしくいただけるうれしい一品です。

fricassée
白い煮込み
「魚介のフリカッセ」

(作り方 P.066)

子どもの頃から好きだったクリーム煮。大人になり、フランスではじめて口にしたとき、今までに味わったことがないその奥深さに驚きました。いろいろ調べるうちに、ベースには白ワインのうまみが潜んでいること、そのベースに生クリームを加えて煮込むからこそあの味わいが生まれることを知りました。そして、それが「フリカッセ」と呼ばれることも。その他の軽い煮込みが「ソテー」という料理名なのに対し、クリーム味のみ名前があるというのは、本国でもクリームベースの味が愛される所以でしょうか？ 何より、脂の少ない肉や魚介を好むフランス人にとって、それらをおいしくいただくこの料理が必要不可欠だからなのかもしれません。ちなみに「生クリームを煮立てるのはNG」と思う方も多いようですが、実は煮詰めることでコクとうまみが深まります。

Soupe

豆たっぷりがフランスらしい
「レンズ豆とベーコンのスープ」

(作り方 P.118)

最近の日本ではたくさんの彩り野菜を入れたスープが主流のようですが、本来、スープは寒い冬をのりきるための料理。そのため、保存食材である豆やいも類、根菜で作られることが多い料理です。中でも買いおき可能な豆で作るスープは、フランスでは昔からよく食べられていました。レンズ豆は、長時間煮込まなくてもやわらかくなるので調理しやすく、豆自体にしっかりとコクがあるので、シンプルに煮込んでも濃厚な味わいが楽しめ、ベーコンやソーセージなどのうまみの強い素材を合わせるといっそうおいしくなる食材。また、さっと煮たときのプチッとした独特の食感も、煮くずれたときのトロッと感も、一度食べたらクセになります。余談ですが、レンズ豆は聖書に登場するほど、昔から欧米では食べられている豆なんだそう。今も昔も、栄養価が高く消化がいい保存食として、親から子どもへとその恩恵は受け継がれているのでしょうね。

Contents

Viandes 肉の軽い煮込み

- 019 豚肩ロースとキャベツのビネガー煮
- 022 豚肉のシャルキュティエール
- 024 豚肉の薄切りロールときのこの煮込み
- 026 豚フィレとりんごのクリーム煮
- 028 豚肩ロースとドライフルーツの白ワイン煮
- 030 手羽元とプチオニオンの白ワイン煮
- 031 骨つき鶏もも肉の赤ワイン煮
- 034 豚肉のバスケーズ
- 036 鶏肉のパロワーズ
- 038 ささ身とレタスのレモンクリーム煮
- 039 鶏もも肉の煮込み かぶのソース
- 040 ラムのナヴァラン
- 042 牛肉のクスクス
- 044 ビーフストロガノフ
- 046 鶏肉のクネルとアスパラガスのクリーム煮
- 048 パセリ風味の肉だんごと卵のトマト煮込み
- 049 ソーセージとじゃがいものオリーブ＆レモンソース
- 050 モツの白ワイン煮
- 052 鶏レバーの赤ワイン煮

Poissons 魚介の軽い煮込み

- 055 鮭のフリカッセ
- 058 さんまの赤ワイン煮
- 060 かきとねぎのフリカッセ
- 062 えびとじゃがいものトマトクリーム煮
- 063 たらとあさり、カリフラワーの白ワイン煮
- 066 魚介のフリカッセ
- 068 いかのファルシ
- 070 たことセロリの軽い煮込み レモンクミン風味
- 072 ムール貝とクレソンのクリームソース
- 074 さばのオニオンマスタードビネガー煮
- 076 ほたて貝柱とゆり根のフリカッセ
- 078 白身魚のオリーブソース
- 080 かじきのトマトケッパーソース
- 082 ぶりの軽い煮込み ジンジャーバルサミコ風味
- 083 白身魚のベーコン巻き 南仏風

- 002 煮込み料理＝じっくりコトコト、と思っていませんか？
- 004 思い出のソテー 「豚肉のシャルキュティエール」
- 006 白い煮込み 「魚介のフリカッセ」
- 008 豆たっぷりがフランスらしい 「レンズ豆とベーコンのスープ」
- 012 「軽い煮込み」4つのメリット
- 014 「軽い煮込み」は道具1つで作れます
- 016 「軽い煮込み」基本の作り方

Legumes 野菜の軽い煮込み

085 カリフラワーとかにのフリカッセ
088 きのこと鶏胸肉のクリーム煮
090 白いんげん豆とソーセージの白ワイン煮
092 レタスのファルシ
094 グリンピースと肉だんごのブイヨン煮
095 かぼちゃと豚肉、ひよこ豆のサブジ風
098 ごぼうと牛薄切り肉の赤ワイン煮
100 ピーマンのファルシ
102 キャベツ、たけのこ、鶏肉のフリカッセ

● 前菜にぴったりの軽い煮込み

104 アスパラガスとそら豆の軽い煮込み
　　 夏野菜の重ねオリーブオイル煮
105 ねぎとマッシュルームのギリシャ風ワイン煮
　　 さつまいものレモンクリーム煮
108 ルバーブといちごの軽い煮込み
　　 グレープフルーツとセロリの白ワイン煮
109 パイナップルとドライフルーツの白ワイン煮
　　 りんごとプルーンの赤ワイン煮

Soupes スープ

113 ブイヤベース
116 ボルシチ
118 レンズ豆とベーコンのスープ
120 グーラッシュ
121 じゃがいもとたら、ねぎのスープ

Column 週末のゆっくりごはん

● 食後のチーズつまみ

122 カマンベールフォンデュ
　　 チーズとナッツのガレット
123 いちじくとブルーチーズの生ハム添え
　　 モッツァレラチーズとドライトマト、
　　 オリーブのカクテル

● 食後のデザート

124 ムスリーヌ・ショコラ
　　 いちごゼリー
125 レモンカスタード
　　 アイスクリームのはちみつナッツがけ

126 材料別INDEX

【この本の使い方】
・にんにくは 芽をとってから調理してください。
　芽がついていると焦げやすく、料理に苦みが出てしまいます。
・小さじ1＝5ml、大さじ1＝15ml、1カップ＝200mlです。
・火加減は特に表示のない限り、中火です。
・レシピ上、野菜の「洗う」「皮をむく」などの
　通常の下ごしらえは省略してあります。
　特に指示のない限り、その作業をしてから調理してください。
・塩は粗塩や自然塩を使用しています。精製塩を使う場合は、
　分量より少しだけ少なめにしてください。
・ワインは、白は辛口を、赤は渋味の少ないものを使用しています。
・電子レンジは600Wのものを使用したときの加熱時間の目安です。
　500Wの場合は加熱時間を1.2倍に、
　700Wの場合は0.8倍にしてください。

「軽い煮込み」
４つのメリット

短時間で
作れる

「軽い煮込み」という名の通り、煮る時間は10分程度。魚料理なら、もっと短いものもあります。それもそのはず、肉も魚もちょうど火が通ったタイミング "煮えばな" が一番おいしいから！「軽い煮込み」は、忙しい毎日にこそ作ってほしい料理、忙しくてもおいしいものが食べたい人のための料理なのです。

１品で
満足できる

「軽い煮込み」は、肉と野菜、魚と野菜の組み合わせのものがほとんど。そのため、メイン料理でありながら野菜の味も楽しめます。ワインを煮詰めて煮汁を作るので、極上のソースも味わえます。つまり、1品で肉や魚介と野菜、ソースを楽しめ、十分お腹を満たしてくれるものばかり。後はパンさえあれば、素敵な食卓が完成します。

素材の味が
活きている

素材の持つ甘み、うまみ、さわやかさ、ほろ苦さ。すべてを上手に引き出し、それらを引き立てるように煮詰めたワインをベースにさっと煮上げ、塩、スパイスなどで味を補う。それが「軽い煮込み」の基本の作り方です。材料も作り方もシンプルだからこそ、素材の味が活きるのです。

冬だけでなく
夏にも

煮込み料理というと、冬に食べるものと思ってはいませんか？ 「コトコト、じっくり」煮込んだ料理は、暑い季節のイメージからは程遠いですが、「軽い煮込み」はさっと短時間で作れる料理。だから、夏にも向いているのです。野菜料理全般、脂が少ない肉料理や魚料理などは、冷やして食べてもおいしいです。

「軽い煮込み」は
道具1つで作れます

フライパン or 鍋

直径22〜24cmのフッ素樹脂加工のフライパンが使いやすい。サイズが合っているふたも用意すること。焼き色をつけたいもの（P.024「豚肉の薄切りロールときのこの煮込み」など）、焼くときにくっつきやすい素材（P.056「鮭のフリカッセ」など）はフライパンがおすすめです。

直径20〜22cm（楕円の場合は長径23cm）で、ぴっちり閉まるふたがあれば、鍋の材質はどんなものでもOK。具材にカサがあるもの（P.072「ムール貝とクレソンのクリームソース」など）、煮汁が多めの煮込み（P.042「牛肉のクスクス」など）のときは鍋を使って。

「軽い煮込み」基本の作り方

「軽い煮込み」は素材が変わっても、基本的な流れはほぼ同じです。
「豚肉のシャルキュティエール」（P.022）を例に挙げ、作り方を解説します。

1 下味をしっかりつける

肉や魚介は加熱してからでは味が入りにくいため、加熱前に塩、こしょうなどの下味をしっかりとつける。パサつきやすい肉や魚には、下味をつけた後に小麦粉を薄くまぶす。

2 焼きつけ、とり出す

油をよく熱し、肉や魚の表面に焼き色をつけ、いったんとり出す。素材のうまみを閉じ込めると共に、ソースに香ばしさを移す目的がある。この段階では完全に肉に火が通らなくてよい。

3 油脂を吸いとる

肉や魚を加熱することで出た脂は仕上げの味をそこなうのでとり除く。ただし、鍋に焼きついているのはうまみ。キッチンペーパーでポンポンと押さえ、表面の脂だけを吸いとるのがコツ。

4 5 6

香味野菜を炒める

肉や魚のうまみが残っているフライパンに香味野菜を入れ、しんなりするまで炒めて野菜の甘みを引き出す。ここで、肉や魚のうまみと野菜のうまみが一体になる。

ワインを煮詰める

ワインを加え、鍋底についたうまみをこすりながら煮詰める。煮詰めることで酒がうまみ調味料に変化し、深みとコクが出る。煮詰め足りないと、どこか物足りない味の仕上がりになってしまう。

具材を加え、軽く煮る

とり出した肉や魚を煮汁に戻し入れ、ふたをして煮る。火が中まで通りにくい肉は、調味料や水、生クリームを入れるタイミングで戻し入れる。火通りが早い魚やパサつきがちな肉は、煮汁の味と濃度を調えてから入れ、さっと煮る。

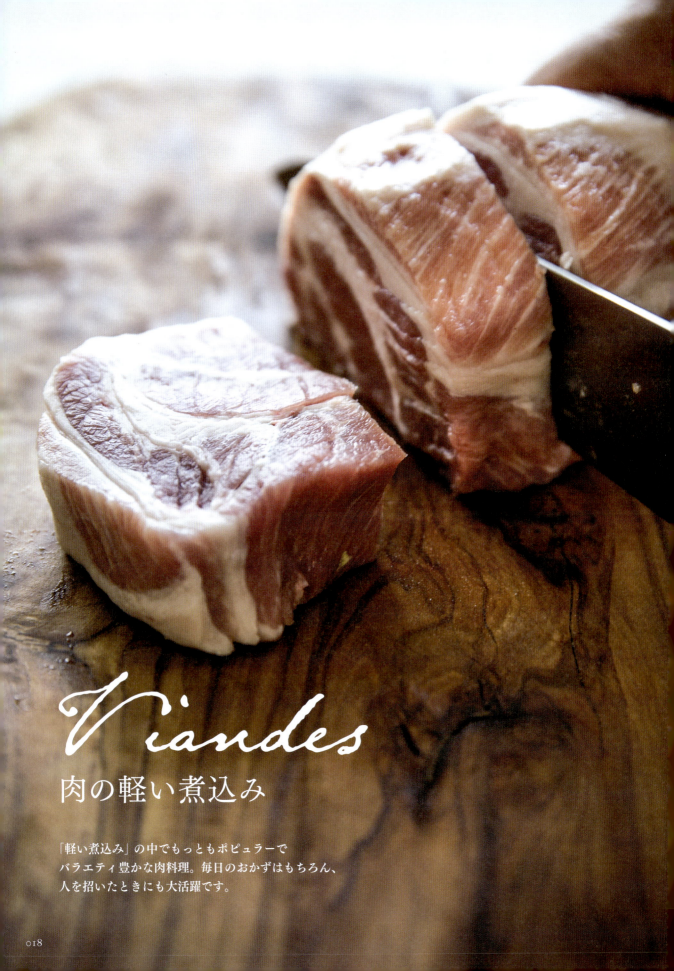

Viandes
肉の軽い煮込み

「軽い煮込み」の中でもっともポピュラーで
バラエティ豊かな肉料理。毎日のおかずはもちろん、
人を招いたときにも大活躍です。

→ 豚肩ロースとキャベツのビネガー煮
(P.020)

豚肩ロースとキャベツのビネガー煮
Sauté de porc au chou vinaigré

先に焼いてとり出し、その間に肉に余熱が入る。
これを計算に入れるのが、肉を煮すぎずにやわらかく仕上げるコツです。
ビネガーは加熱することで角がとれ、ほどよい酸味が残ります。

材料（2～3人分）

豚肩ロース肉（かたまり）…400g
キャベツ…大 ½ 個（600g）
玉ねぎ…½ 個
にんにく…小 1 かけ
A
| 塩…小さじ ⅔
| こしょう…適量
小麦粉…適量
サラダ油…大さじ 1
白ワイン…½ カップ
水…¾ カップ
赤ワインビネガー（白でも）…大さじ 1
塩、こしょう…各適量
粗びき黒こしょう…適量

❶ 野菜の準備

キャベツはざく切りにし、塩大さじ 1 ½（分量外）をまぶしてもみ込む。15 分ほどおいたらさらに軽くもみ、水洗いしてギュッと絞る。玉ねぎは 5mm 幅に切り、にんにくはみじん切りにする。

❷ 肉の準備

豚肉は 1.5cm 厚さに切り、A をすり込み、小麦粉を薄くまぶす。ここでしっかりと下味をつけておく。小麦粉をまぶすのは、肉のうまみを閉じ込めると共にソースにとろみをつけるため。

❸ 肉を焼き、とり出す

フライパンまたは鍋にサラダ油大さじ ½ を入れて強めの中火にかけ、油が熱くなったら豚肉を入れる。しばらく触らずに焼きつけ、両面に焼き色をつけてとり出す。肉の中心まで火が通らなくてOK。

❹ 油を拭きとる

フライパンまたは鍋の余分な油脂をキッチンペーパーで吸いとる。肉のうまみを鍋に残すために、油脂だけをとるようにキッチンペーパーでフライパンや鍋の表面をポンポンと押さえるようにするとよい。

❺ ワインを煮詰める

サラダ油大さじ ½、玉ねぎ、にんにくを入れ、焦がさないように弱めの中火で 2 分ほど炒める。薄い茶色になったら白ワインを加えて強火にし、鍋底を木ベラでこすりながらワインが ⅓ 量になるまで煮詰める。

❻ 具材を加え、煮る

キャベツ、③の豚肉、分量の水を入れ、煮立ったらふたをし、弱めの中火にして 12 分ほど煮る。豚肉に火が通ったらワインビネガーを加え、全体を混ぜて強火で 1 分ほど煮て酸味を軽く飛ばし、塩、こしょうで味を調える。仕上げに粗びき黒こしょうを振る。

豚肉のシャルキュティエール
Porc sauce charcutière

味の決め手は、コルニッションとマスタード。
2つの酸味とうまみが、トマトソースに深みを出してくれます。

材料（2～3人分）
豚肩ロース肉（ステーキ用）…3枚（400g）
玉ねぎ…½個
コルニッション※…40g
A
　┃塩…小さじ⅔
　┃こしょう…適量
サラダ油…大さじ1
白ワイン…½カップ
トマトの水煮（ダイスカット缶）…½缶（200g）
水…¼カップ
塩、こしょう…各適量
フレンチマスタード…大さじ1
バター…5g
※コルニッションは、フランスの小ぶりなきゅうりのピクルス

❶ 具材の準備
玉ねぎはみじん切り、コルニッションは小口切りにする。豚肉はAをすり込む。

❷ 肉を焼き、とり出す
フライパンまたは鍋にサラダ油大さじ½を入れて強めの中火にかけ、油が十分熱くなったら豚肉を入れる。しばらく触らずに表面を焼きつけ、両面に焼き色がついたら、とり出す。

❸ 煮汁を作る
フライパンまたは鍋の余分な油脂をキッチンペーパーで吸いとり、サラダ油大さじ½、玉ねぎを入れ、焦がさないように弱めの中火で2分ほど炒める。白ワインを加えて強火にし、木ベラなどで鍋底をこすりながらワインが⅓量になるまで煮詰める。トマトの水煮、分量の水、塩小さじ⅓を加え、煮立ったら弱めの中火にし、焦がさないようにときどき混ぜながら2分ほど煮る。

❹ 具材を加え、煮る
②の豚肉を加え、煮立ったらふたをして弱めの中火で5分煮る。肉を返し、再びふたをして2分ほど煮る。豚肉に火が通ったらふたをとり、強火で煮汁が⅔量になるまで煮詰める。マスタード、コルニッションを加えて混ぜ、煮立ったら塩、こしょうで味を調え、仕上げにバターを加える。

豚肉の薄切りロールときのこの煮込み
Roulade de porc d'automne

肉で巻いたくるみのコリコリ感、仕上げに加えた甘栗の甘み、
風味のいいきのこ。それらを赤ワインソースがまとめます。

材料（2〜3人分）
豚肩ロース肉またはロース肉
　（しょうが焼き用）…8枚（400g）
しめじ…小1パック（100g）
しいたけ…3枚（50g）
にんにく…小1かけ
くるみ…8個
A
　｜ 塩…小さじ½
　｜ こしょう…適量
小麦粉…適量
サラダ油…大さじ½
バター…10g
赤ワイン…½カップ
B
　｜ デミグラスソース…50g
　｜ ローリエ…1枚
　｜ 水…¾カップ
塩、こしょう…各適量
むき甘栗…6粒

❶ 具材の準備
しめじ、しいたけは石づきをとり、しめじは粗みじん切り、しいたけは1cm幅に切る。にんにくはみじん切りにする。くるみは5mm角に切る。豚肉を広げ、Aで下味をつけ、くるみを散らして手前からきっちり巻き、小麦粉を薄くまぶす。

❷ 肉を焼き、とり出す
フライパンにサラダ油を入れて強めの中火にかけ、油が十分に熱くなったら①の肉の巻き終わりを下にして入れる。しばらく触らず1分ほど焼き固め、返して同様に焼き、全体に焼き色をつけてとり出す。

❸ 煮汁を作る
フライパンの余分な油脂をキッチンペーパーで吸いとり、バター、にんにくを入れて弱めの中火にかけ、バターが溶けて泡立ってきたら、きのこ類を加えて水分が飛ぶまで2分ほど炒める。赤ワインを加えて強火にし、木ベラなどで鍋底をこすりながらワインが⅓量になるまで煮詰める。Bを加え、煮立ったら弱めの中火にし、焦がさないようにときどき混ぜながら、2分ほど煮る。

❹ 具材を加え、煮る
②の豚肉を入れ、ときどき混ぜながら5分ほど煮る。豚肉に火が通り、軽くとろみがついたら塩、こしょうで味を調える。仕上げに甘栗を入れて軽く混ぜる。

Point
豚肉を広げ、刻んだくるみを入れてくるくると巻く。このくるみが食感のアクセントに。

豚フィレとりんごのクリーム煮

Filet de porc et pommes fruits à la normande

ノルマンディー地方に伝わる、りんごを使った軽い煮込み。
りんごは酸味があるものを。とろりと煮えた食感と甘酸っぱさが豚肉にとても合います。

材料（2～3人分）

豚ヒレ肉…大 ½ 本（300g）
りんご（できれば紅玉）…2個（または大1個）
玉ねぎ… ½ 個
A
　塩…小さじ ½
　こしょう…適量
バター… 10g
ブランデー（あれば）…少々
サラダ油…大さじ1
小麦粉…適量
シードル（辛口。または白ワイン）… ⅓ カップ
水… ½ カップ
生クリーム（乳脂肪分40%以上）… ½ カップ
塩、こしょう…各適量

❶ 具材の準備

りんごは皮をむいてくし形に切り、芯をとる。玉ねぎはみじん切りにする。豚肉は2cm厚さに切り、**A**をすり込む。

❷ りんごを焼き、とり出す

フライパンまたは鍋にバターを入れて火にかけ、バターが溶けて泡立ってきたらりんごを入れて焼く。全体に薄く焼き色がついたら火を止め、ブランデーを入れて全体にからめ、とり出す。

❸ 肉を焼き、とり出す

フライパンまたは鍋にサラダ油大さじ ½ を入れて強めの中火にかけ、豚肉に小麦粉を薄くまぶして入れ、表面をさっと焼いてとり出す。

❹ 煮汁を作る

フライパンまたは鍋の余分な油脂をキッチンペーパーで吸いとり、サラダ油大さじ ½、玉ねぎを入れ、焦がさないように弱めの中火で2分ほど炒める。シードルを加えて強火にし、木ベラなどで鍋底をこすりながらシードルが ⅓ 量になるまで煮詰め、分量の水、生クリームを加える。

❺ 具材を加え、煮る

ひと煮立ちしたら、②のりんご、③の豚肉を加えて弱めの中火で煮る。ときどき混ぜながら、豚肉に火が通り、軽くとろみがつくまで2～3分煮て、塩、こしょうで味を調える。

Point

ヒレ肉は脂身が少なくパサつきやすいので、肉汁が逃げないように小麦粉をまぶす。

豚肩ロースとドライフルーツの
白ワイン煮

Sauté de porc abricots et figues

味の輪郭を作るのは、3種類のドライフルーツ。
持ち味の違う甘みと酸味が、濃厚かつまろやかな味を完成させます。

材料（2〜3人分）
豚肩ロース肉（かたまり）…400g
ドライアプリコット…5個
ドライいちじく…大3個
レーズン…大さじ2
玉ねぎ…1個
にんにく…小1かけ
A
　塩…小さじ2/3
　こしょう…適量
小麦粉…適量
サラダ油…大さじ1
白ワイン、水…各1カップ
塩、こしょう…各適量
バター…5g

❶ 具材の準備
ドライフルーツは食べやすく切り、熱湯に5分ほどつけてふやかし、湯をきる。玉ねぎ、にんにくは薄切りにする。豚肉は3〜4cm角に切り、Aをすり込み、小麦粉を薄くまぶす。

❷ 肉を焼き、とり出す
フライパンまたは鍋にサラダ油大さじ1/2を入れて強めの中火にかけ、油が十分熱くなったら豚肉を入れる。しばらく触らずに焼きつけ、全面に焼き色をつけてとり出す。

❸ 煮汁を作る
フライパンまたは鍋の余分な油脂をキッチンペーパーで吸いとり、サラダ油大さじ1/2、玉ねぎ、にんにくを入れ、焦がさないように弱めの中火で2分ほど炒める。ドライフルーツ、白ワインを加えて強火にし、木ベラなどで鍋底をこすりながらワインが1/3量になるまで煮詰める。

❹ 具材を加え、煮る
分量の水、塩小さじ1/3、②の豚肉を加え、煮立ったらふたをし、弱めの中火で焦がさないようにときどき混ぜながら12分ほど煮る。豚肉に火が通ったらふたをとり、強火で煮汁が2/3量になるまで煮詰め、塩、こしょうで味を調え、バターを加える。

Point

ドライフルーツをそのまま加えると煮詰まる前のワインを吸いこんでしまうため、熱湯につけてもどしてから使用する。

→ 手羽元とプチオニオンの白ワイン煮
(P.032)

→ 骨つき鶏もも肉の赤ワイン煮
(P.033)

手羽元とプチオニオンの白ワイン煮

Ailes de poulet aux petits oignons, sauce vin blanc

手羽元とコロコロのプチオニオンは、見た目にも食欲が湧く組み合わせ。
白ワインのうまみと酸味にバターの風味が加わり、シンプルなのに深い味わい。

材料（2〜3人分）
手羽元…500g
小玉ねぎ…12個
A
　｜塩…小さじ2/3
　｜こしょう…適量
小麦粉…適量
サラダ油…大さじ1
バター…20g
白ワイン、水…各1カップ
塩、こしょう、粗びき黒こしょう…各適量

❶ 具材の準備
小玉ねぎは皮をむく。手羽元にAをすり込み、小麦粉を薄くまぶす。

❷ 肉を焼き、とり出す
フライパンまたは鍋にサラダ油を入れて強めの中火にかけ、油が熱くなったら手羽元を入れる。焼き色がつきすぎないように転がしながら表面を焼きつけ、とり出す。

❸ 煮汁を作る
フライパンまたは鍋の余分な油脂をキッチンペーパーで吸いとり、バターを入れて弱火にかける。バターが溶けて泡立ってきたら、小玉ねぎを入れて軽く炒める。全体にバターが回ったら白ワインを加えて強火にし、木ベラで鍋底をこすりながらワインが1/3量になるまで煮詰める。

❹ 具材を加え、煮る
②の手羽元、塩小さじ1/2、分量の水を加え、煮立ったらふたをして弱めの中火で10分ほど煮る。ふたをとり、強火で煮汁が半量になるまで煮詰め、塩、こしょうで味を調える。仕上げに粗びき黒こしょうを振る。

骨つき鶏もも肉の赤ワイン煮

Coq au vin

コック・オ・ヴァンと呼ばれる、フランスで定番の家庭料理。
だしが出る骨つき肉を使い、さらにベーコンのうまみを足すのがポイントです。

材料（2〜3人分）
骨つき鶏もも肉（ぶつ切り）…2本分（700g）
玉ねぎ…1個
にんにく…小1かけ
マッシュルーム…8個
ベーコン（かたまり）…60g
A
│ 塩…小さじ1
│ こしょう…適量
小麦粉…適量
サラダ油…大さじ1
バター…30g
赤ワイン…2カップ
はちみつ…大さじ1
B
│ タイム…少々
│ ローリエ…1枚
赤ワインビネガー（白でも）…大さじ½
塩、こしょう…各適量

❶ 具材の準備
玉ねぎは薄切り、にんにくはみじん切りにする。マッシュルームは石づきを落とし、半分に切る。ベーコンは棒状に切る。鶏肉にAをすり込み、小麦粉を薄くまぶす。

❷ 肉を焼き、とり出す
フライパンまたは鍋にサラダ油を入れて強めの中火にかけ、油が十分熱くなったら鶏肉を入れる。しばらく触らずに焼きつけ、全面にしっかり焼き色をつけてとり出す。

❸ 煮汁を作る
フライパンまたは鍋の余分な油脂をキッチンペーパーで吸いとり、バターを入れて弱めの中火にかける。バターが溶けて泡立ってきたら、①の残りを加え、薄い茶色になるまで3分ほど炒める。赤ワイン、はちみつを加えて強火にし、木ベラなどで鍋底をこすりながら1分ほど煮詰める。

❹ 具材を加え、煮る
②の鶏肉、Bを入れ、煮立ったら弱めの中火でふたをして15ほど分煮る。ふたをとり、ワインビネガーを加え、強火で煮汁が半量になるまで煮詰め、塩、こしょうで味を調える。

豚肉のバスケーズ

Porc à la basquaise

ピーマンやトマト、にんにくを使ったバスク地方の料理。
ワインを煮詰め、トマトを加えてさらに煮ることで味がぐっと濃縮されます。

材料（2〜3人分）
豚肩ロース肉（かたまり）… 400g
ピーマン … 2個
パプリカ（赤、黄）… 小各1個
玉ねぎ … ½個
にんにく … 小1かけ
赤唐辛子 … ½本
A
 塩 … 小さじ⅔
 こしょう … 適量
オリーブ油 … 大さじ2
白ワイン、水 … 各½カップ
トマトの水煮（ダイスカット缶）… ½缶（200g）
B
 タイム … 少々
 ローリエ … 1枚
塩、こしょう … 各適量
パセリのみじん切り … 少々

❶ 具材の準備
ピーマン、パプリカは種とヘタをとり、太めの棒状に切る。玉ねぎ、にんにくはみじん切り、赤唐辛子は種をとって粗く刻む。豚肉は太めの棒状に切り、Aをすり込む。

❷ 肉を焼き、とり出す
フライパンまたは鍋にオリーブ油大さじ1を入れて強めの中火にかけ、油が十分熱くなったら豚肉を入れる。しばらく触らずに焼きつけ、全面に焼き色がついたらとり出す。

❸ 煮汁を作る
フライパンまたは鍋の余分な油脂をキッチンペーパーで吸いとり、オリーブ油大さじ1、赤唐辛子、にんにく、玉ねぎを入れ、焦がさないように弱めの中火で3分ほど炒める。白ワインを加えて強火にし、木ベラなどで鍋底をこすりながらワインが⅓量になるまで煮詰める。トマトの水煮、分量の水、塩小さじ⅓を入れ、煮立ったら弱めの中火にし、焦がさないようにときどき混ぜながら2分ほど煮る。

❹ 具材を加え、煮る
②の豚肉、ピーマン、パプリカ、Bを加え、煮立ったらふたをして弱めの中火にし、焦がさないようにときどき混ぜながら10分ほど煮る。ふたをとり、強火で煮汁が⅔量になるまで煮詰め、塩、こしょうで味を調える。好みでパセリのみじん切りを振る。

鶏肉のパロワーズ
Sauté de poulet sauce paloise

パロワーズとは、鶏肉をじっくり炒めた玉ねぎと白ワインで煮込む料理のこと。
玉ねぎの甘みとミントのさわやかな香りがおいしさのポイントです。

材料（2〜3人分）
鶏もも肉…大1½枚（約450g）
玉ねぎ…2〜3個（500g）
にんにく…小1かけ
A
　｜塩…小さじ⅔
　｜こしょう…適量
小麦粉…適量
サラダ油…大さじ1½
白ワイン…½カップ
水…1カップ
バター…5g
塩、こしょう…各適量
ミントの葉…5枚

❶ 具材の準備
玉ねぎ、にんにくは薄切りにする。鶏肉は3等分に切り、Aをすり込み、小麦粉を薄くまぶす。

❷ 肉を焼き、とり出す
フライパンまたは鍋にサラダ油大さじ½を入れて強めの中火にかけ、十分熱くなったら鶏肉の皮目を下にして入れ、両面にこんがり焼き色をつけてとり出す。

❸ 煮汁を作る
フライパンまたは鍋の余分な油脂をキッチンペーパーで吸いとり、サラダ油大さじ1を入れ、玉ねぎ、にんにくを加え、弱めの中火で10分ほど炒める。玉ねぎが茶色くなったら白ワインを入れて強火にし、木ベラなどで鍋底をこすりながらワインが⅓量になるまで煮詰める。

❹ 具材を加え、煮る
分量の水を入れ、煮立ったら塩小さじ⅓、②の鶏肉を入れ、ふたをして弱めの中火で10分ほど煮る。肉に火が通ったらふたをとり、強火で煮汁が半量になるまで煮詰め、バター、塩、こしょうで味を調える。ちぎったミントの葉を混ぜる。

Point
玉ねぎを焦がさないようにじっくりと炒め、甘みを引き出す。この玉ねぎがソースの役目も！

ささ身とレタスの レモンクリーム煮

Aiguillette de poulet et salade iceberg sauce citron

淡泊な味のささ身を生ハムで巻き、うまみを補います。
レタスのシャキシャキ感も楽しい。

材料（2〜3人分）
鶏ささ身…5本
生ハム…10枚
玉ねぎ…½個
セロリ…½本
レタス…⅓個
A
│ 塩、こしょう…各適量
サラダ油…小さじ1
バター…7g
小麦粉…小さじ1
白ワイン…½カップ
B
│ 水、生クリーム（乳脂肪分40％以上）
│ …各½カップ
塩、こしょう…各適量
レモン汁…大さじ1

❶ 具材の準備
鶏ささ身は筋をとって斜め半分に切り、Aを振って生ハムで巻く。玉ねぎはみじん切り、セロリは5mm幅の斜め切り、レタスは一口大にちぎる。

❷ 肉を焼き、とり出す
フライパンにサラダ油を熱し、①の生ハムの巻き終わりを下にして入れる。焼き固まったら返し、表面をさっと焼いてとり出す。

❸ 煮汁を作る
フライパンをキッチンペーパーで拭き、バターを入れて弱めの中火で溶かし、玉ねぎ、セロリを入れて2分ほど炒め、小麦粉を振り入れてさっと混ぜる。粉がなじんだら白ワインを加えて強火にし、木ベラなどで鍋底をこすりながらワインを⅓量に煮詰める。Bを加え、とろみが出るまで中火で煮て、塩、こしょうで味を調える。

❹ 具材を加え、煮る
②の鶏肉を加え、1分ほど煮てレタスを加え、少ししんなりしたらレモン汁を加えて手早く混ぜる。

鶏もも肉の煮込み かぶのソース
Cuisse de poulet aux petits navets

ふっくら煮えた鶏肉にまとうのは、あえて煮くずしたかぶのソース。
かぶは2段階で加え、具材とソースの2つの役目に使います。

材料（2～3人分）
鶏もも肉…大1½枚（約450g）
かぶ…4個（400g）
玉ねぎ…½個
にんにく…小1かけ
A
　塩…小さじ⅔
　こしょう…適量
オリーブ油…大さじ1
白ワイン…½カップ
水…1カップ
塩、こしょう…各適量

❶ 具材の準備
かぶは葉を落とし、くし形に切る。かぶの葉1株分は小口切りにする。玉ねぎ、にんにくはみじん切りにする。鶏肉は余分な脂と筋をとり、一口大に切ってAをすり込む。

❷ 肉を焼き、とり出す
フライパンまたは鍋にオリーブ油大さじ½を強めの中火で熱し、鶏肉を入れて炒め、表面が色づいたらとり出す。

❸ 煮汁を作る
フライパンまたは鍋の余分な油脂をキッチンペーパーで吸いとり、オリーブ油大さじ½、玉ねぎ、にんにくを入れ、弱めの中火で2分ほど炒める。白ワインを加えて強火にし、木ベラなどで鍋底をこすりながらワインが⅓量になるまで煮詰める。

❹ 具材を加え、煮る
分量の水、かぶの半量を加え、煮立ったらふたをして弱めの中火で5分ほど煮る。かぶがやわらかくなったら残りのかぶ、②の鶏肉を加え、5分ほど煮て鶏肉の中まで火を通す。全体を混ぜ、最初に入れたかぶを木ベラなどで崩し、強火にして軽く煮詰め、葉を加えてさっと煮て、塩、こしょうで味を調える。器に盛り、好みでオリーブ油（分量外）をかける。

ラムのナヴァラン
Navarin d'agneau

かぶなどの野菜と仔羊を煮込んで作る、ナヴァラン。
定番は肩肉などを使いますが、
手軽なラムチョップで代用しました。

材料（2〜3人分）
ラムチョップ…6本
かぶ…2個（200g）
にんじん…½本
さやいんげん…8本
玉ねぎ…½個
にんにく…小1かけ
A
　塩…小さじ½
　こしょう…適量
小麦粉…適量
オリーブ油…大さじ1
トマトペースト…大さじ1
白ワイン…½カップ
B
　水…1カップ
　塩…小さじ⅓
　タイム…少々
　ローリエ…1枚
塩、こしょう…各適量
バター…7g
粗びき黒こしょう…適量

❶ 具材の準備
かぶは葉を落とし、くし形に切る。にんじんは7mm角の棒状に、さやいんげんはにんじんと同じくらいの長さに切る。玉ねぎ、にんにくはみじん切りにする。ラムチョップにAをすり込み、小麦粉を薄くまぶす。

❷ 肉を焼き、とり出す
フライパンまたは鍋にオリーブ油大さじ½を入れて強めの中火にかけ、油が十分熱くなったらラムチョップを入れる。しばらく触らずに焼きつけ、両面に焼き色をつけてとり出す。

❸ 煮汁を作る
フライパンまたは鍋の余分な油脂をキッチンペーパーで吸いとり、オリーブ油大さじ½、玉ねぎ、にんにくを入れ、焦がさないように弱めの中火で2分ほど炒める。トマトペーストを加えてさっと炒め、白ワインを加えて強火にし、鍋底を木ベラなどでこすりながらワインが⅓量になるまで煮詰める。

❹ 具材を加え、煮る
B、にんじんを加え、煮立ったらふたをずらしてのせ、弱めの中火で5分ほど煮る。かぶ、さやいんげんを加え、同様にふたをのせて3分ほど煮る。ふたをとり、強火で煮汁が半量になるまで煮詰める。②のラムチョップを入れ、ときどき混ぜながら5分ほど煮る。塩、こしょうで味を調え、バターを加える。仕上げに粗びき黒こしょうを振る。

クスクス粉(スムールともいう)はセモリナ粉で作られる、パスタの仲間。熱湯で十分ふやかしてから、レンジで加熱する。

牛肉のクスクス
Couscous de bœuf aux légumes

スパイスを利かせると、トマト煮込みが一気にエキゾチックに！
クスクスに煮汁をたっぷり染み込ませていただきましょう。

材料（2〜3人分）
牛肉（カレー・シチュー用）[※1]…250g
ズッキーニ…小1本
にんじん…½本
セロリ…½本
かぶ…2個（200g）
にんにく…1かけ
A
  塩…小さじ½
  こしょう…適量
  パプリカパウダー、コリアンダーパウダー、
    クミンシード…各小さじ1弱
オリーブ油…大さじ2½
B
  トマトの水煮（ダイスカット缶）…½缶（200g）
  タイム…少々
  ローリエ…1枚
水…2½カップ
塩、こしょう…各適量
クスクス粉…½カップ
ハリッサ[※2]（あれば）…適量

[※1] 牛肉は、肩、もも、バラなどあまり固くない部位がおすすめ
[※2] ハリッサはクスクスに欠かせない、アフリカの唐辛子ペースト。
　　　ない場合は、煮上がりにカイエンヌペッパーまたは
　　　一味唐辛子を加えて混ぜる

❶ 具材の準備
セロリは筋をとり、ズッキーニ、にんじんと共に太めの棒状に切る。かぶは葉を落とし、くし形に切る。にんにくは薄切りにする。牛肉は1cm角に切り、Aをすり込む。

❷ 肉を炒め、煮る
鍋にオリーブ油大さじ2を入れて強めの中火にかけ、牛肉をさっと炒める。かぶ以外の野菜、Bを加えて全体を混ぜ、弱めの中火で5分ほど煮る。かぶと分量の水を加え、10分ほど煮込み、塩、こしょうで味を調える。

❸ クスクス粉をもどす
耐熱皿にクスクス粉を入れ、クスクス粉と同量の熱湯（½カップ、分量外）、塩小さじ⅓、オリーブ油大さじ½を加えて混ぜる。ラップをかけて20分ほどおき、クスクス粉が膨らんだら電子レンジで2分加熱し、全体をほぐす。

❹ 仕上げ
②、③を器に盛り合わせ、ハリッサを混ぜながら食べる。

ビーフストロガノフ

Bœuf à la stroganoff

ごはんと相性バツグンの、ロシア生まれの煮込み料理。
サワークリームのまろやかな酸味が、牛肉のおいしさを引き立てます。

材料（2〜3人分）
牛もも肉（かたまり）…300g
マッシュルーム…8個
玉ねぎ…½個
A
　塩…小さじ½
　こしょう…適量
サラダ油…大さじ1
ブランデー（あれば）…小さじ1
トマトペースト…大さじ2
白ワイン…½カップ
水…¾カップ
B
　サワークリーム…大さじ1
　パプリカパウダー…小さじ1
　塩…小さじ¼
　こしょう…適量
温かいごはん…適量
サワークリーム…大さじ1
パセリのみじん切り（あれば）…適量

❶ 具材の準備
マッシュルームは石づきを落とし、厚めの薄切りにする。玉ねぎはみじん切りにする。牛肉は1cm厚さの食べやすい大きさに切り、Aをすり込む。

❷ 肉を焼き、とり出す
フライパンにサラダ油大さじ½を入れて強めの中火にかけ、油が十分に熱くなったら牛肉を入れる。片面15秒ずつさっと表面のみを焼きつけ、火を止めてブランデーを入れて全体にからめ、とり出す。

❸ 煮汁を作る
フライパンの余分な油脂をキッチンペーパーで吸いとり、サラダ油大さじ½を入れて弱めの中火にかけ、玉ねぎ、マッシュルームを入れて薄い茶色になるまで2分ほど炒める。トマトペーストを加えてさっと炒め、白ワインを加えて強火にし、鍋底を木ベラなどでこすりながらワインが⅓量になるまで煮詰める。

❹ 具材を加え、煮る
分量の水を加え、中火にして1分ほど煮て、Bで味を調え、ほどよいとろみがついたら②の牛肉を加えてさっと火を通す。ごはんと共に盛り、サワークリームをのせ、あればパセリを散らす。

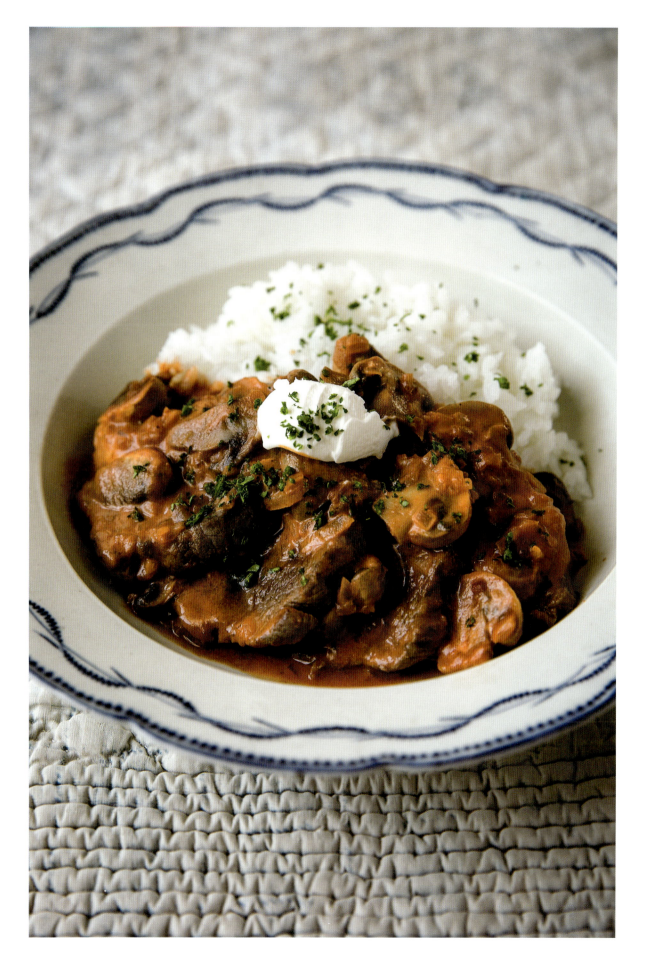

鶏肉のクネルとアスパラガスのクリーム煮
Quenelles de poulet aux asperges vertes à la crème

クネルとは、おもに魚やえびなどをすり身にしただんごのこと。
鶏肉で作るとうまみたっぷり。クリームソースならよりやさしい味わいに。

材料（2〜3人分）
【クネル】
鶏胸肉（皮なし）…200g
A
　塩…小さじ⅓
　こしょう…適量
　卵…小1個
生クリーム（乳脂肪分40％以上）…½カップ

グリーンアスパラガス…6本
玉ねぎ…½個
サラダ油…大さじ½
小麦粉…小さじ1
白ワイン…½カップ
水…¾カップ
生クリーム（乳脂肪分40％以上）…½カップ
塩、こしょう、粗びき黒こしょう…各適量

❶ 具材の準備
アスパラガスは根元の固い皮をピーラーでむき、5cm長さの斜めに切る。玉ねぎはみじん切りにする。

❷ クネルを作る
鶏胸肉は角切りにし、フードプロセッサーに入れてなめらかにする。Aを加えて攪拌し、生クリームを加えてなめらかになるまでさらに攪拌する。

❸ 煮汁を作る
フライパンまたは鍋にサラダ油を熱して玉ねぎを入れ、色づけないように弱めの中火で2分ほど炒める。小麦粉を振り入れて軽く混ぜ、粉が全体になじんだら白ワインを加えて強火にし、木ベラなどで鍋底をこすりながらワインが⅓量になるまで煮詰める。分量の水、生クリーム、塩小さじ¼を加える。

❹ 具材を加え、煮る
③が軽く煮立ったら、②をスプーンで一口大程度分をすくってフライパンまたは鍋にそっと入れる。ふたをして弱めの中火で2分ほど煮て、クネルを返し、さらに2分ほど煮て中まで火を通す。アスパラガスを加え、1〜2分中火で煮て、ほどよいとろみがついたら、塩、こしょうで味を調え、粗びき黒こしょうを振る。

Point
はんぺんのようなやわらかさが特徴のクネルは、フードプロセッサーで肉をなめらかにするのがコツ。まず卵を加えて混ぜ、その後生クリームを加えてさらに混ぜる。

パセリ風味の肉だんごと卵のトマト煮込み
Marmitte de Boulettes de bœuf et œuf cocotte, persillée à la tomate.

甘みとコクのあるトマト味に、パセリのさわやかな香りが広がる肉だんごが印象的。
仕上げに加えた落とし卵は、好みの加減に加熱してめし上がれ。

材料（2～3人分）
【肉だんご】
牛ひき肉（赤身）… 300g
玉ねぎ… ½個
パセリ… 2枝
卵… ½個
塩… 小さじ⅓

オリーブ油… 大さじ1½
にんにくの薄切り… 小1かけ分
白ワイン… ½カップ
A
│ トマトの水煮（ダイスカット缶）… ½缶（200g）
│ 水… ⅓カップ
塩… 小さじ¼
卵… 2～3個
パプリカパウダー… 適量

❶ 肉だんごを作る
玉ねぎはみじん切り、パセリは粗みじん切りにする。ボウルに玉ねぎ以外を入れて練り混ぜ、玉ねぎを加えてさらによく混ぜ、6等分にして丸める。

❷ 肉だんごを焼き、とり出す
フライパンまたは鍋にオリーブ油大さじ½を熱し、①を入れて2分ほど焼き、返してもう片面も同様に焼いてとり出す。

❸ 煮汁を作る
フライパンまたは鍋の余分な油脂をキッチンペーパーで吸いとり、オリーブ油大さじ1、にんにくを入れて弱めの中火で炒め、香りが出てきたら白ワインを加えて強火にし、木ベラで鍋底をこすりながらワインが⅓量になるまで煮詰める。

❹ 具材を加え、煮る
Aを加え、火を弱めて5分ほど煮て、塩、②の肉だんごを入れてさらに5分ほど煮る。仕上げに卵を割り入れ、好みの加減に火を通す。仕上げにパプリカパウダーを振る。

ソーセージとじゃがいもの オリーブ＆レモンソース
Saucisses et pommes de terre vapeur au vin blanc

じゃがいもとソーセージ、玉ねぎは、相性バツグンのトリオ。
オリーブとレモンでさわやかな味を加えると、ランクアップします。

材料（2〜3人分）
ソーセージ…6本（150g）
じゃがいも（メークイン）…2個
玉ねぎ…½個
にんにく…1かけ
オリーブ油…大さじ2
塩、こしょう…各適量
白ワイン…½カップ
A
　水…½カップ
　オリーブ（緑）…6粒
　レモンの輪切り（国産）…2枚
　ローリエ…1枚

❶ 具材の準備
じゃがいもは1cm幅の輪切りにする。玉ねぎ、にんにくは薄切りにする。

❷ ソーセージを焼き、とり出す
フライパンにオリーブ油少々（分量外）を熱し、ソーセージを入れてこんがりと焼き色をつけ、とり出す。

❸ 煮汁を作る
フライパンの余分な油脂をキッチンペーパーで吸いとり、オリーブ油、①を入れ、ときどき混ぜながら2分ほど炒める。塩小さじ⅓、こしょう少々で調味し、白ワインを加える。強火にし、木ベラで鍋底をこすりながらワインが⅓量になるまで煮詰める。

❹ 具材を加え、煮る
Aを加え、ふたをしてじゃがいもに火が通るまで5分ほど弱めの中火で煮る。仕上げに②のソーセージを入れ、強火で煮汁が半量になるまで煮詰める。

モツの白ワイン煮
Tripes au vin blanc

モツはレモン入りの湯で下ゆでし、うまみの強いベーコンと合わせる。
この2つのポイントを押さえると、臭みが気にならず、独特の食感が際立ちます。

材料（2〜3人分）
白モツ（モツ煮用に下処理済）…300g
セロリ…½本
にんじん…½本
玉ねぎ…½個
にんにく…1かけ
ベーコン（かたまり）…60g
A
　レモンの輪切り（国産）…2枚
　酢…大さじ2
オリーブ油…大さじ1
白ワイン…¾カップ
B
　水…1カップ
　タイム…少々
　ローリエ…1枚
　塩…小さじ1
塩、こしょう…各少々
粗びき黒こしょう…適量

❶ 具材の準備
鍋にモツ、かぶる程度の水（分量外）、Aを入れ、火にかける。煮立ったら火を弱め、10〜15分ほど煮て湯を捨てる。セロリは7mm幅の小口切り、にんじんは7mm幅の半月切りにする。玉ねぎは1.5cm幅のくし形切りに、にんにくは薄切りにする。ベーコンは棒状に切る。

❷ 煮汁を作る
フライパンまたは鍋にオリーブ油を入れ、①のモツ以外を入れ、ときどき混ぜながら弱めの中火で5分ほど炒める。しんなりしてきたら、モツを加えてさっと混ぜ、白ワインを入れて強火にし、ワインが⅓量になるまで煮詰める。

❸ 煮る
Bを加え、煮立ったらふたをずらしてのせ、弱めの中火で15分ほど煮る。強火にして煮汁を軽く煮詰め、塩、こしょうで味を調える。器に盛り、粗びき黒こしょうを振る。

Point
モツは下処理済のものでも、レモンの輪切り、酢を入れた水からゆでると臭みがとれて食べやすくなる。

鶏レバーの赤ワイン煮
Foie de volaille mijoté au vin rouge

赤ワインにはちみつの濃厚な甘み、バルサミコ酢のコクと酸味を加えると
レバーがぐっと食べやすくなります。対照的な食感のれんこんがアクセント。

材料（2〜3人分）
鶏レバー…400g
れんこん…150g
A
　塩…小さじ2/3
　こしょう…適量
サラダ油…大さじ1/2
バター…15g
赤ワイン…3/4カップ
はちみつ…大さじ1/2
バルサミコ酢…大さじ1 1/2
塩、こしょう…各適量

❶ 具材の準備
レバーは黄色い脂や筋をとり除き、一口大に切る。かぶる程度の牛乳（分量外。なければ水でもよい）に10分ほどつけ、手で軽く混ぜて血抜きし、さっと水洗いする。水けをしっかりキッチンペーパーで拭きとり、Aをまぶす。れんこんは1.5cm厚さのいちょう切りにし、水でさっと洗い、水けをよく拭く。

❷ 野菜を炒めてとり出し、レバーを炒める
フライパンにサラダ油を入れて火にかけ、油が熱くなったられんこんを入れ、焼き色がつくまで強めの中火で2〜3分炒め、とり出す。フライパンにバターを入れて強めの中火にかけ、バターが溶けて泡立ち、少し色づき始めたら、レバーを入れ、全体に軽く焼き色がつくまで焼く。

❸ 煮る
赤ワイン、はちみつを加えて強火にし、煮立ったら中火にしてときどき混ぜながら、ワインが半量になるまで3分ほど煮る。バルサミコ酢を加えて弱火で3分ほど煮て、レバーに火が通ったら中火で煮詰める。煮汁がとろりとしたら塩、こしょうで味を調え、②のれんこんを加えてさっと混ぜ合わせる。

Point
黄色い脂や筋の部分は、臭みがあり、舌触りも悪いのでとり除く。手でつまんで引っぱり、包丁で切りとる。

Poissons
魚介の軽い煮込み

ワンパターンになりがちな魚介のメニューが一気に増える、
「軽い煮込み」。素材のおいしさと煮汁が奏でる
ハーモニーをお楽しみください。

→ 鮭のフリカッセ
(P.056)

鮭のフリカッセ
Filet de saumon et chou blanc à la crème

魚の身をふっくらと仕上げるには、とにかく煮すぎないこと。
表面を焼いた魚を煮汁に戻したら、さっと火を通します。
やさしい味の鮭のクリーム煮は、子どもも大人も好きな味。

材料（2〜3人分）
生鮭またはサーモンの切り身
　…2〜3切れ（300g）
白菜…2枚（200〜250g）
玉ねぎ…½個
A
│塩（魚の下ごしらえ用）…小さじ1
│こしょう…適量
小麦粉…適量
サラダ油…大さじ1½
白ワイン…½カップ
水…⅓カップ
生クリーム（乳脂肪分40％以上）…½カップ
塩、こしょう…各適量
ディル…適量

❶ 具材の準備
白菜は横に5mm幅に切り、玉ねぎはみじん切りにする。鮭はAの塩をすり込み、ラップをかけて冷蔵庫で15分ほどおく。表面をさっと洗い、キッチンペーパーでしっかりと水けを拭く。半分に切り、Aのこしょうを軽く振って小麦粉を薄くまぶす。

❷ 魚を焼き、とり出す
フライパンにサラダ油大さじ1を入れて強めの中火にかけ、油が熱くなったら鮭の皮目を下にして入れる。軽く焼き色がついたら返し、身側も軽く焼きつけてとり出す。

❸ 油を拭きとり、香味野菜を炒める
フライパンの余分な油脂をキッチンペーパーで吸いとり、サラダ油大さじ½、玉ねぎを入れ、焦がさないように弱めの中火で2分ほど炒める。

❹ ワインを煮詰める
玉ねぎがしんなりしたら白ワインを加えて強火にし、鍋底を木ベラなどでこすりながらワインが⅓量になるまで煮詰める。

❺ 煮汁を作る
分量の水、白菜、生クリームを加え、煮立ったらふたをして、白菜がしんなりするまで弱めの中火で1分ほど煮る。ふたをとり、煮汁にほどよくとろみがつくまで強火で煮詰め、塩、こしょうで味を調える。

❻ 魚を加え、煮る
②の鮭を加え、1分ほど煮て中まで火を通す。火を止め、仕上げに刻んだディルをのせる。

さんまの赤ワイン煮
Balaou du japon et compotée d'oignon au vin rouge

プルーンなどの濃厚な素材を合わせ、たっぷりの赤ワインをよく煮詰め、ビネガーを利かせる。
この3つが、さんまのおいしさを引き出してくれます。

材料（2～3人分）
さんま…2～3尾（400g）
玉ねぎ…½個
にんにく…小1かけ
プルーン（種抜き）…4～5粒
A
　塩（魚の下ごしらえ用）…小さじ1
　こしょう…適量
サラダ油…大さじ2
小麦粉…小さじ1
赤ワイン…1カップ
B
　水…½カップ
　赤ワインビネガー（白でも）…大さじ1
　ローリエ…1枚
　タイム（生がなければドライを少々）…3本
塩、こしょう…各適量

❶ 具材の準備
さんまは頭と内臓、尾をとり除き、長さを半分に切る。Aの塩をすり込み、ラップをかけて冷蔵庫で15分ほどおく。表面をさっと洗い、キッチンペーパーでしっかりと水けを拭き、Aのこしょうを軽く振る。玉ねぎは薄切り、にんにくはみじん切り、プルーンは粗く刻む。

❷ 魚を焼き、とり出す
フライパンにサラダ油大さじ1を入れて強めの中火にかけ、油が十分熱くなったら、さんまを入れ、表面に焼き色がついたらとり出す。

❸ 煮汁を作る
フライパンの余分な油脂をキッチンペーパーで吸いとり、サラダ油大さじ1を入れ、玉ねぎ、にんにくを加え、薄い茶色に色づくまで弱めの中火で2分ほど炒める。小麦粉を振り入れて軽く混ぜ、粉がなじんだら赤ワインを加え、強火にして鍋底を木ベラなどでこすりながらワインが⅓量になるまで煮詰める。

❹ 具材を加え、煮る
B、プルーン、②のさんまを加え、煮立ったらふたをし、弱めの中火で2分ほど煮る。さんまに火が通ったらふたをとり、強火で煮汁を半量になるまで煮詰め、塩、こしょうで味を調える。

Point
さんまなど臭みが強い魚は、魚自体に粉を振ると臭みを閉じ込めてしまうため、魚にはまぶさずに炒めた玉ねぎに粉を振ってとろみをつける。

かきとねぎのフリカッセ
Huîtres chaudes aux poireaux à la crème

ぷっくり煮えたかきに、ねぎの甘み、クリーミーなソース。
3つが合わさり、極上のおいしさに。
白く仕上げるため、かきは色づかないよう焼きつけます。

材料（2〜3人分）
かき（加熱用）… 10個
ねぎ… 2本
A
　塩… 適量
　こしょう… 適量
小麦粉… 適量
バター… 15g
白ワイン… ½カップ
水… ¼カップ
生クリーム（乳脂肪分40％以上）… ½カップ
塩、こしょう… 各適量

1 具材の準備
ねぎは斜めに細く切る。かきは片栗粉小さじ1と少量の水（各分量外）を加え、全体をよく混ぜる。片栗粉がグレーになったら水洗いし、キッチンペーパーで水けをしっかり拭く。Aを軽く振り、小麦粉を薄くまぶす。

2 かきを焼き、とり出す
フライパンにバター10gを入れて中火にかけ、バターが溶けて泡立ってきたらかきを入れ、両面をさっと焼き（色はあまりつけないよう注意）、とり出す。

3 煮汁を作る
②のフライパンにバター5gを入れて弱めの中火にかけ、バターが溶けて泡立ってきたらねぎを加え、焦がさないように2〜3分ほど炒める。しんなりしたら白ワインを加えて強火にし、鍋底を木ベラなどでこすりながらワインが⅓量になるまで煮詰める。分量の水、生クリームを加え、煮汁が半量になるまで煮て、塩、こしょうで味を調える。

4 かきを加え、煮る
②のかきを加え、30秒〜1分ほど煮て火を通す。

Point
かきは片栗粉と水をよくからめると、ヒダの間の汚れがとれる。片栗粉がグレーになったら汚れが吸着した証拠。丁寧に水洗いする。

→ えびとじゃがいものトマトクリーム煮
(P.064)

→ たらとあさり、カリフラワーの白ワイン煮
(P.065)

えびとじゃがいものトマトクリーム煮
Marmite de crevettes à la crème

トマトとレモンの酸味で、コクがあるのにあっさりとしたクリーム煮に。
えびは丁寧に下処理し、さっと炒めて短時間で煮ることでふっくら！

材料（2～3人分）
えび（ブラックタイガーなど）…中12尾
トマト…大1個
エリンギ…1パック（100g）
じゃがいも…1個
玉ねぎ…½個
にんにく…小1かけ
A
│ 塩、こしょう…各適量
オリーブ油…大さじ1
白ワイン…⅓カップ
水…½カップ
生クリーム（乳脂肪分40％以上）…⅓カップ
塩、こしょう…各適量
レモン汁…大さじ1

❶ 具材の準備
トマトは湯むきして種をとり、ざく切りにする。エリンギは乱切り、じゃがいもは2cm角に切る。玉ねぎ、にんにくはみじん切りにする。えびは背ワタをとって殻をむき、ボウルに入れて片栗粉小さじ1と少量の水（各分量外）を加え、よく混ぜる。片栗粉がグレーになったら水洗いし、キッチンペーパーで水けをしっかり拭き、Aを軽く振る。

❷ えびを炒め、とり出す
フライパンまたは鍋にオリーブ油大さじ½を入れて中火にかけ、油が熱くなったら、えびを加えてさっと炒め、とり出す。

❸ 煮汁を作る
②のフライパンまたは鍋にオリーブ油大さじ½、玉ねぎ、にんにくを入れ、焦がさないように弱めの中火で2分ほど炒める。しんなりしたら白ワインを加えて強火にし、鍋底を木ベラなどでこすりながらワインが⅓量になるまで煮詰める。

❹ 具材を加え、煮る
エリンギ、じゃがいも、分量の水、トマトを入れてふたをし、弱めの中火で8分ほど煮る。じゃがいもに火が通ったらふたをとり、煮汁を半量になるまで強火で煮詰める。生クリームを加えてさらに煮て、ほどよいとろみがついたら、塩、こしょうで味を調える。②のえびを戻し入れ、さっと煮る。仕上げにレモン汁を加え、火を止める。

Point
トマトは種がついていると煮込んだときに水っぽくなるので、スプーンの柄などでとり除く。

たらとあさり、カリフラワーの白ワイン煮
Sauté de cabillaud au vin blanc et chou-fleur

あさりのだしをたっぷり吸い込み、ほろりとくずれるたらとカリフラワーが美味。
仕上げのバターの甘い香りがふわ〜っと広がります。

材料（2〜3人分）
あさり…250g
甘塩たらの切り身…2〜3切れ（250g）
カリフラワー…½個（250g）
玉ねぎ…⅓個
にんにく…小1かけ
こしょう…適量
小麦粉…適量
サラダ油…大さじ1½
白ワイン…½カップ
水…⅓カップ
塩、こしょう…各適量
バター…10g
粗びき黒こしょう…適量

❶ 具材の準備
あさりは浅めの器に入れ、海水程度（3%塩分）の塩水をかぶる程度に加え、2時間ほど砂出しし、殻をこすり洗いする。カリフラワーは小房に分ける。玉ねぎ、にんにくはみじん切りにする。たらは水けをキッチンペーパーでしっかりと拭き、半分に切ってこしょうを軽く振り、小麦粉を薄くまぶす。

❷ 魚を焼き、とり出す
フライパンまたは鍋にサラダ油大さじ1を入れて中火にかけ、油が熱くなったら、たらの皮目を下にして入れる。両面をさっと焼き、とり出す。

❸ 煮汁を作る
②のフライパンまたは鍋にサラダ油大さじ½、玉ねぎ、にんにくを入れて弱めの中火にかけ、焦がさないように2分ほど炒める。玉ねぎがしんなりしたら白ワインを加えて強火にし、鍋底を木ベラでこすりながらワインが⅓量になるまで強火で煮詰める。

❹ 具材を加え、煮る
カリフラワー、分量の水を加え、ふたをして5分ほど煮る。やわらかくなったら、あさりを加え、再びふたをしてあさりの口が開くまで蒸し煮にする。塩、こしょうで味を調え、バター、②のたらを加え、1分ほど煮て火を通す。仕上げに粗びき黒こしょうを振る。

Point
あさりは重ねて入れると吐いた砂を再び吸ってしまうので、バットなど浅めの容器に入れ、あさりの頭が出るくらいの塩水で砂出しする。

魚介のフリカッセ

Marmite de la mer

3種類の魚介のうまみがだしになった、ぜいたくなクリーム煮。
魚介はそれぞれの下ごしらえを丁寧にするのがおいしさのカギです。

材料（2〜3人分）
はまぐり…小6個
えび（ブラックタイガーなど）…大6尾
ほたて貝柱…4〜6個
マッシュルーム…8個
玉ねぎ…½個
A
｜ 塩、こしょう…各適量
バター…10g
小麦粉…大さじ½
白ワイン…½カップ
B
｜ 水…¼カップ
｜ 生クリーム（乳脂肪分40%以上）…½カップ
塩、こしょう…各適量

❶ 具材の準備
はまぐりは砂出しする（P.065 作り方①のあさり
参照）。えびは背ワタをとって殻をむき、ボウル
に入れて片栗粉小さじ1と少量の水（各分量外）
を加え、よく混ぜる。片栗粉がグレーになったら
水洗いし、キッチンペーパーで水けをしっかり拭
く。ほたてと共にAを軽く振る。マッシュルー
ムは石づきを落として半分に切り、玉ねぎはみじ
ん切りにする。

❷ 魚介を焼き、とり出す
フライパンまたは鍋にバター5gを入れ、中火に
かける。バターが溶けて泡立ってきたら、えび、
ほたてを入れ、バターをからめるようにさっと炒
め、えびの表面が赤くなったら、とり出す（中ま
で火を通さない）。

❸ 煮汁を作る
②のフライパンまたは鍋にバター5gを入れて弱
めの中火にかけ、バターが溶けて泡立ってきたら、
玉ねぎを入れ、焦がさないように1分ほど炒める。
しんなりしたら小麦粉を振り入れて軽く混ぜ、粉
がなじんだら白ワインを加えて強火にし、鍋底を
木ベラなどでこすりながらワインが⅓量になる
まで煮詰める。

❹ 具材を加え、煮る
B、マッシュルームを加えて強めの中火で煮詰め、
煮汁にほどよくとろみがついたら、はまぐりを加
える。はまぐりの口が開いたら、塩、こしょうで
味を調え、②の魚介を加え、30秒〜1分ほど煮
て火を通す。

いかのファルシ
Calmar farci

いかに詰めるごはんは、チーズとバジルを利かせてイタリア風に。
ぷっくりと膨らんだタイミングが煮上がりのサインです。

材料（2個分）
いか（するめいか、やりいかなどの小ぶりのもの）
　…2杯
トマト…1個
ズッキーニ…小1本
玉ねぎ…½個
にんにく…小½かけ

【詰め物】
温かいごはん…100g
バジル…2枚
パルメザンチーズ…大さじ1
塩…少々
こしょう…適量

オリーブ油…大さじ1½
白ワイン…½カップ
水…½カップ
塩、こしょう…各適量
オリーブ油（仕上げ用）…大さじ1

❶ 具材の準備
いかは足と内臓をとり、胴は皮をむく。足はしごくように洗い、吸盤まわりの固い部分をとり、足先を切り落とす。トマトは湯むきをし、粗みじんに切る。ズッキーニは輪切り、玉ねぎ、にんにくはみじん切りにする。詰め物のバジルは粗く刻む。

❷ ファルシを作る
ボウルに詰め物の材料、トマトの¼量を入れ、よく混ぜ合わせる。①のいかの胴に詰め、口を楊枝で閉じる。

❸ いかを焼き、とり出す
フライパンにオリーブ油大さじ½を入れて中火にかけ、油が熱くなったらいかを並べ、両面をさっと焼いてとり出す。いかの足もさっと炒め、とり出す。

❹ 煮汁を作る
③のフライパンにオリーブ油大さじ1を入れ、玉ねぎ、にんにくを入れて弱めの中火にかけ、焦がさないように2分ほど炒める。しんなりしたら白ワインを加えて強火にし、鍋底を木ベラなどでこすりながらワインが⅓量になるまで煮詰める。

❺ 具材を加え、煮る
残りのトマト、ズッキーニ、③のいか、分量の水を加え、煮立ったらふたをし、弱めの中火で3分ほど煮る。いかを一度返し、再度ふたをして3分ほど煮る。ふたをとり、煮汁が⅔量になるまで強火で煮詰める。塩、こしょうで味を調え、仕上げにオリーブ油をかける。

Point
煮るといかが縮むので、詰め物はギュウギュウに詰めすぎない。

たことセロリの軽い煮込み
レモンクミン風味
Salade de céleri au poulpe

スパイスの香りとレモンのさわやかさが夏にぴったりの煮込み。
たこはさっと煮たいので、合わせる野菜も火の通りが早いものを。

材料（2〜3人分）
ゆでだこ…150g
セロリ…1本
玉ねぎ…½個
レモンの輪切り（国産）…2枚
オリーブ油…大さじ2
コリアンダー（粒）…小さじ1
クミンシード…小さじ½
白ワイン…½カップ
水…¼カップ
塩、こしょう…各適量

❶ 具材の準備
たこはぶつ切りにする。セロリは筋をとって7mm幅の斜め切り、玉ねぎは薄切りにする。

❷ たこを焼き、とり出す
フライパンまたは鍋にオリーブ油大さじ½を入れて中火にかけ、油が熱くなったらたこを入れてさっと炒め、とり出す。

❸ 煮汁を作る
②のフライパンまたは鍋の余分な水分をキッチンペーパーで吸いとり、オリーブ油大さじ1½、コリアンダー、クミンを入れて弱火にかけ、香りが立ってきたら玉ねぎ、セロリ、レモンを加えて弱めの中火で1分ほど炒める。白ワインを加えて強火にし、木ベラなどで鍋底をこすりながらワインが⅓量になるまで煮詰める。分量の水を加え、煮立ったら弱めの中火にし、1分ほど煮て、塩、こしょうで味を調える。

❹ たこを加え、煮る
②のたこを加え、軽く温める。

Point
コリアンダーとクミンシードは、弱火でじっくり炒め、香りを引き出す。

ムール貝とクレソンのクリームソース
Moules marinières au cresson

ムール貝のエキスが出た蒸し汁に、生クリームを合わせたおいしさといったら！
最後の一滴まで残さずパンですくっていただきましょう。
クレソンのほろ苦さがアクセント。

材料（2～3人分）
ムール貝…12個
クレソン…1束
玉ねぎ…¼個
にんにく…小1かけ
バター…10g
ローリエ…1枚
白ワイン…½カップ
生クリーム（乳脂肪分40％以上）…½カップ
塩、こしょう…各適量

❶ 具材の準備
ムール貝は表面をタワシなどできれいにこすり洗いし、貝から出ている足糸などを引き抜く。クレソンは食べやすい大きさに切る。玉ねぎ、にんにくはみじん切りにする。

❷ ムール貝を蒸し煮にする
鍋にバターを入れて弱めの中火にかけ、バターが溶けて泡立ってきたら、玉ねぎ、にんにくを加え、焦がさないように2分ほど炒める。しんなりしたら、ムール貝、ローリエ、白ワインを加えてふたをし、強めの中火で蒸し煮にする。

❸ 煮汁を作る
ムール貝の口が開いたらとり出し、蒸し汁が半量になるまで強火で煮詰める。生クリームを加えて煮詰め、ほどよいとろみがついたら塩、こしょうで味を調える。

❹ 具材を戻し、煮る
ムール貝、クレソンを加えて全体を混ぜ、煮立ったら火を止める。

Point
ムール貝はヒゲのように出ている足糸をとり除く。上下に動かすと、引き抜きやすい。

さばのオニオンマスタードビネガー煮
Maquereaux à la moutarde

マスタードとビネガーでさばを煮ると、特有の臭みが抜け、
おいしさだけが残ります。
パサつかないよう、煮る時間は2分程度でOK。

材料（2〜3人分）
さば（3枚におろしたもの）…1尾分
A
　塩（魚の下ごしらえ用）…小さじ1
　こしょう…適量
玉ねぎ…1/3個
にんにく…小1かけ
サラダ油…大さじ2
白ワイン…1/2カップ
水…1/4カップ
赤ワインビネガー（白でも）…大さじ1
粒マスタード…大さじ2
塩、こしょう…各少々
パセリのみじん切り…適量

❶ 具材の準備
さばは腹骨をそぎとり、Aの塩をすり込み、ラップをかけて冷蔵庫で15分ほどおく。表面をさっと水洗いし、キッチンペーパーでしっかり水けを拭き、Aのこしょうを振る。玉ねぎ、にんにくはみじん切りにする。

❷ 魚を焼き、とり出す
フライパンにサラダ油大さじ1を入れて強めの中火にかけ、十分に熱くなったらさばの皮目を下にして入れる。しばらく触らず軽く焼き色がついたら返し、身側もさっと焼き、とり出す。

❸ 煮汁を作る
フライパンの余分な油脂をキッチンペーパーで吸いとり、サラダ油大さじ1を入れ、玉ねぎ、にんにくを入れて弱めの中火にかける。焦がさないように2分ほど炒め、しんなりしたら白ワインを加えて強火にし、鍋底を木ベラなどでこすりながらワインが1/3量になるまで煮詰める。

❹ 魚を加え、煮る
分量の水、ワインビネガーを加え、煮立ったら②のさばを加え、ふたをして弱めの中火で2分ほど煮る。マスタードを入れて軽く混ぜ、塩、こしょうで味を調え、パセリのみじん切りを散らす。

Point
さばは皮目を下にして入れ、パリッと焼き上げる。身側はさっと焼く程度でOK。

ほたて貝柱とゆり根のフリカッセ

Noix de Saint-Jacques et Yuriné à la crème

クリーム煮に、ほたてとゆり根を加えた白い煮込み。
見た目同様、やさしく穏やかな味わいです。
ゆり根のホクホク感もおいしい。

材料（2〜3人分）
ほたて貝柱…6〜9個
ゆり根…1個
玉ねぎ…¼個
塩、こしょう…各適量
バター…15g
白ワイン、水、生クリーム（乳脂肪分40%以上）
　…各½カップ

❶ 具材の準備
ゆり根は1枚ずつはがし、土やおがくずを洗い流し、茶色い部分があれば包丁で削る。玉ねぎはみじん切りにする。ほたて貝柱はキッチンペーパーで水けを拭き、軽く塩、こしょうを振る。

❷ ほたてを焼き、とり出す
フライパンにバター10gを入れて中火にかける。バターが溶けて泡立ってきたら、ほたて貝柱を入れ、表面のみをさっと焼いてとり出す。

❸ 煮汁を作る
②のフライパンにバター5gを入れて弱めの中火にかけ、バターが溶けて泡立ってきたら玉ねぎを入れ、焦がさないように1〜2分炒める。しんなりしたら白ワインを加えて強火にし、鍋底を木ベラなどでこすりながらワインが⅓量になるまで煮詰める。

❹ 具材を加え、煮る
分量の水、ゆり根を加え、ふたをして弱めの中火で3分ほど煮る。ゆり根に火が通ったら、生クリームを加えて強火にし、ほどよいとろみが出てきたら塩、こしょうで味を調える。②のほたて貝柱を加え、さっと温める。

Point

ゆり根は鱗片を1枚ずつそっとはがし、つけ根についている土や汚れを丁寧に落とす。

白身魚のオリーブソース

Filet de poisson sauce pissaladière

淡泊な味の白身魚は、魚をかつおだしで煮る感覚で
アンチョビーやオリーブと共に煮ます。
うまみを重ねることで、おいしさが何倍にも！

材料（2〜3人分）
白身魚の切り身（たいなど）…2〜3切れ（300g）
玉ねぎ…½個
にんにく…小1かけ
オリーブ（緑・種なし）…15粒
アンチョビーフィレ…1枚
A
　塩（魚の下ごしらえ用）…小さじ1
　こしょう…適量
オリーブ油…大さじ3
小麦粉…小さじ1
白ワイン…½カップ
水…½カップ
塩、こしょう…各適量
イタリアンパセリ…適量

❶ 具材の準備
白身魚にAの塩をすり込み、ラップをかけて冷
蔵庫で15分ほどおく。表面をさっと洗い、キッ
チンペーパーで水けをしっかり拭き、Aのこしょ
うを軽く振る。玉ねぎ、にんにくはみじん切り、
オリーブは粗みじん切り、アンチョビーは粗く刻
む。

❷ 魚を焼き、とり出す
フライパンにオリーブ油大さじ1を入れて弱め
の中火にかけ、油が熱くなったら白身魚の皮目を
下にして入れる。軽く焼き色がついたら返し、身
側はさっと焼き、とり出す。

❸ 煮汁を作る
フライパンの余分な油脂をキッチンペーパーで吸
いとり、オリーブ油大さじ1、玉ねぎ、にんにく
を入れ、焦がさないように弱めの中火で2分ほ
ど炒める。しんなりしたら小麦粉を振り入れて軽
く混ぜ、粉がなじんだら白ワインを加えて強火に
し、鍋底を木ベラなどでこすりながらワインが⅓
量になるまで煮詰める。

❹ 具材を加え、煮る
分量の水、オリーブ、アンチョビーを加えて1分
ほど煮て、②の白身魚を加え、ふたをして弱め
の中火で2〜3分煮る。火が通ったら塩、こしょ
うで味を調え、オリーブ油大さじ1を加え、イ
タリアンパセリを刻んで散らす。

かじきのトマトケッパーソース
Espadon sauce tomate et câpres

かじきは肉のような味わいとボリューム感が特徴です。
刻んで味わいを存分に出したケッパーとトマト缶で、間違いなしのおいしさ。

材料（2～3人分）
かじき…2～3枚（300g）
玉ねぎ…½個
にんにく…小1かけ
ケッパー…大さじ1
A
　塩（魚の下ごしらえ用）…小さじ1
　こしょう…適量
オリーブ油…大さじ2
白ワイン…½カップ
B
　トマトの水煮（ダイスカット缶）…½缶（200g）
　水…¼カップ
塩、こしょう…各少々
パセリのみじん切り…適量

❶ 具材の準備
かじきにAの塩をすり込み、ラップをかけて冷蔵庫で10分ほどおく。表面をさっと水洗いし、キッチンペーパーで水けをしっかり拭き、Aのこしょうを軽く振る。玉ねぎ、にんにくはみじん切り、ケッパーは粗く刻む。

❷ 魚を焼き、とり出す
フライパンにオリーブ油大さじ1を入れて中火にかけ、油が熱くなったら、かじきを入れ、表面をさっと焼きつけてとり出す。

❸ 煮汁を作る
フライパンの余分な油脂をキッチンペーパーで吸いとり、オリーブ油大さじ1、玉ねぎ、にんにくを入れて焦がさないように弱めの中火で2分ほど炒める。しんなりしたら白ワインを加えて強火にし、鍋底を木ベラなどでこすりながらワインが⅓量になるまで煮詰める。B、ケッパーを加え、煮汁が⅔量になるまで中火で煮て、塩、こしょうで味を調える。

❹ 具材を加え、煮る
②のかじきを加え、1分ほど煮て火を通し、火を止めてパセリのみじん切りを散らす。

Point
ケッパーは丸のまま使うのではなく、刻んでから加えると味がよく出る。

ぶりの軽い煮込み ジンジャーバルサミコ風味
Sériole à la balsamique

バルサミコ酢を使うのは、ぶりの照り焼きからの発想。
加熱して酸味をまろやかにし、しょうがとマスタードでさっぱり感を出して。

材料（2～3人分）
ぶりの切り身…2～3切れ（300g）
玉ねぎ…½個
しょうが…小1かけ
A
　塩（魚の下ごしらえ用）…小さじ1
　こしょう…適量
オリーブ油…大さじ1
B
　赤ワイン…½カップ
　バルサミコ酢…大さじ2
水…½カップ
フレンチマスタード…大さじ1
塩、こしょう…各適量
砂糖…1つまみ
粗びき黒こしょう…適量

❶ 具材の準備
ぶりにAの塩をすり込み、ラップをかけて冷蔵庫で15分ほどおく。表面をさっと洗い、キッチンペーパーで水けをしっかり拭き、Aのこしょうを軽く振る。玉ねぎ、しょうがは薄切りにする。

❷ 魚を焼き、とり出す
フライパンにオリーブ油大さじ½を入れて強めの中火にかけ、油が十分熱くなったらぶりを入れ、表面を軽く焼きつけてとり出す。

❸ 煮汁を作る
フライパンの余分な油脂をキッチンペーパーで吸いとり、オリーブ油大さじ½、玉ねぎ、しょうがを加え、弱めの中火で2分ほど炒める。少し茶色く色づいたらBを加えて強火にし、鍋底を木ベラなどでこすりながら煮汁が⅓量になるまで強火で煮詰める。

❹ 具材を加え、煮る
分量の水を加えて1分ほど煮て、②のぶりを加え、ふたをして弱めの中火で2分ほど煮る。火が通ったらマスタード、塩、こしょう、砂糖で味を調える。器にぶりを盛り、粗びき黒こしょうを振る。ぶりは器に合わせ、半分に切って盛りつけても。

白身魚のベーコン巻き 南仏風
Filet de poisson à la méditerranéenne

あっさり味の白身魚をベーコンで巻き、うまみとコクをプラスします。
オリーブとドライトマトを調味料的に使って、パンチを出すのもポイント。

材料（2〜3人分）
白身魚切り身…2〜3切れ（250g）
ベーコン…4枚
玉ねぎ…⅓個
にんにく…小1かけ
こしょう、塩…各適量
オリーブ油…大さじ2
小麦粉…小さじ1
白ワイン…½カップ
ドライトマト…3枚
オリーブ（緑、黒・種なし）…計10粒
水…⅓カップ
パセリのみじん切り…適量

❶ 具材の準備
ドライトマトはぬるま湯に3分ほどつけてやわらかくし、細く刻む。オリーブは輪切りにする。白身魚は骨と皮をとって8等分の斜め切りにし、軽くこしょうを振り、長さを半分に切ったベーコンで巻く。玉ねぎ、にんにくはみじん切りにする。

❷ 魚を焼き、とり出す
フライパンにオリーブ油大さじ1を入れて中火にかけ、①のベーコンの巻き終わりを下にして入れる。焼き固まったら返し、さっと焼いてとり出す。

❸ 煮汁を作る
フライパンの余分な油脂をキッチンペーパーで吸いとり、オリーブ油大さじ1、玉ねぎ、にんにくを入れ、弱めの中火で2分ほど炒める。しんなりしたら小麦粉を振ってさっと混ぜ、粉がなじんだら白ワインを加えて強火にし、鍋底を木ベラなどでこすりながらワインが⅓量になるまで煮詰める。

❹ 具材を加え、煮る
ドライトマト、分量の水を加え、ときどき混ぜながら弱火で2分ほど煮て、塩、こしょうで味を調え、②の魚、オリーブを加えて30秒ほど煮る。器に盛り、パセリのみじん切りを散らす。

Légumes
野菜の軽い煮込み

野菜をおいしく食べたい！
そんな願いは日本もフランスも変わりません。
肉や魚介のうまみを十分に吸いこんだ、おいしい野菜を味わってください。

→ カリフラワーとかにのフリカッセ
(P.086)

カリフラワーとかにのフリカッセ
Fricassée de chou-fleur au crabe

野菜の軽い煮込みには、味出しにタンパク質を加えるのがコツ。
野菜はさっと炒めて表面を油でコーティングすると、煮くずれ防止になります。
クリームをまとったカリフラワーを、かにと共にどうぞ。

材料（2〜3人分）

カリフラワー… 400g
玉ねぎ… ⅓個
かにのほぐし身… 60g
バター… 15g
白ワイン、水、生クリーム（乳脂肪分40%以上）
　…各½カップ
塩、こしょう…各適量

❶ 具材の準備
カリフラワーは小房に分ける。玉ねぎは薄切りにする。

❷ 具材を炒め、とり出す
フライパンまたは鍋にバター10gを入れ、弱めの中火にかけ、バターが溶けて泡立ってきたらカリフラワーを入れ、バターをからめるように炒める。塩小さじ⅓で下味をつけ、とり出す。

❸ 煮汁を作る
②のフライパンまたは鍋に玉ねぎを入れ、焦がさないように弱火で2分ほど炒める。しんなりしたら白ワインを加えて強火にし、ワインが⅓量になるまで煮詰める。

❹ 具材を加え、煮る
カリフラワー、分量の水を入れてふたをし、カリフラワーが好みのかたさになるまで火を通し、ふたをとって強火で煮汁を半量になるまで煮詰める。

❺ 味を調え、かにを加える
仕上げに生クリームを加えて程よく煮詰める。塩、こしょうで味を調え、バター5gとかにを加え、全体を混ぜ合わせる。

きのこと鶏胸肉のクリーム煮
Marmite de poulet aux champignons à la crème

数種のきのこをポルチーニのもどし汁で煮ます。
料理全体にコクが増し、豊かな香りが口いっぱいに！

材料（2～3人分）
ポルチーニ（乾燥）…3g
しめじ、しいたけ、マッシュルーム、
　エリンギなど…400g
玉ねぎ…½個
鶏胸肉…200g
A
　塩…小さじ⅓
　こしょう…適量
小麦粉…適量
サラダ油…大さじ2
バター…5g
白ワイン…½カップ
生クリーム（乳脂肪分40％以上）…¼カップ
塩、こしょう、粗びき黒こしょう…各適量

❶ 具材の準備
ポルチーニは熱湯¼カップ（分量外）につけてもどし、茶漉しなどで漉して身ともどし汁に分け、身は粗く刻む。他のきのこ類は石づきをとり、食べやすい大きさに切る。玉ねぎはみじん切りにする。鶏胸肉は小さめのそぎ切りにし、Aをすり込み、小麦粉を薄くまぶす。

❷ 具材を焼き、とり出す
フライパンまたは鍋にサラダ油大さじ1を入れ、弱めの中火にかける。油が温かくなったら鶏肉を入れ、表面のみを軽く焼いてとり出す。フライパンまたは鍋にバターを入れて火にかけ、バターが溶けて泡立ってきたらポルチーニ以外のきのこを入れ、中火で5分ほど炒め、とり出す。

❸ 煮汁を作る
②のフライパンまたは鍋にサラダ油大さじ1を熱し、玉ねぎを入れて焦がさないように弱めの中火で2分ほど炒める。しんなりしたら白ワインを加えて強火にし、ワインが⅓量になるまで煮詰める。

❹ 具材を加え、煮る
ポルチーニ、もどし汁、②のきのこ、生クリームを加え、ほどよいとろみが出るまで中火で煮詰め、塩、こしょうで味を調える。②の鶏肉を戻し入れ、1分ほどさっと煮て火を通す。仕上げに粗びき黒こしょうを振る。

Point
乾燥ポルチーニのもどし汁には、うまみといい香りがたっぷり。漉して料理に使う。

白いんげん豆とソーセージの白ワイン煮

Cassolette de saucisse

ソーセージとトマトのうまみたっぷりのソースで、ホクホクの白いんげん豆を楽しみます。
素朴な味わいは、ついついリピートしたくなるおいしさ。

材料（2～3人分）
白いんげん豆の水煮…200g
トマト…1個
玉ねぎ…½個
にんにく…小1かけ
ソーセージ…100g
オリーブ油…大さじ1
白ワイン、水…各½カップ
塩、こしょう…各適量
オリーブ油（仕上げ用）…大さじ1弱
イタリアンパセリの粗みじん切り…適量

❶ 具材の準備
白いんげん豆の水煮はざるにあけ、さっと水で洗う。トマトは大きめの角切りに、玉ねぎとにんにくはみじん切りにする。ソーセージは2cm幅の輪切りにする。

❷ 煮汁を作る
フライパンまたは鍋にオリーブ油を入れて弱めの中火にかけ、油が温かくなったら玉ねぎ、にんにくを入れ、2分ほど炒める。トマトを加えて1分ほど炒め、白ワインを加えて強火にし、木ベラなどで鍋底をこすりながら、ワインが⅓量になるまで煮詰める。

❸ 具材を加え、煮る
分量の水、塩小さじ½、こしょう、白いんげん豆を加え、弱めの中火で5分ほど煮る。ソーセージを加え、強火で煮汁を軽く煮詰め、塩、こしょうで味を調える。仕上げにオリーブ油を加え、刻んだパセリを散らす。

レタスのファルシ
Iceberg farcie

シャキシャキ感を残しながらもしんなりした
レタスの中には、ひき肉とえびをダブルで使った、
ジューシーな肉だねがたっぷり。

Point

レタスの葉は小さいものは2枚を組み合わせて広げる。肉だねをのせ、レタスの手前、左右を折りこみ、くるくると巻く。

材料（2〜3人分）
レタス…4〜6枚
セロリ…5cm
玉ねぎ…¼個
スナップえんどう…6本

【詰め物】
鶏ひき肉（もも肉）…200g
えび（ブラックタイガーなど）…正味80g
A
　パン粉…大さじ3
　卵…½個
　牛乳…大さじ1
塩…小さじ⅓
こしょう…適量
パセリのみじん切り…小さじ1

オリーブ油…大さじ2
白ワイン…½カップ
水…1カップ
塩、こしょう…各少々

❶ 具材の準備
レタスはさっとゆで、水にさらして冷まし、水けを絞る。セロリは筋をとり、玉ねぎと共に薄切りにする。スナップえんどうは筋をとる。

❷ ファルシを作る
えびは背ワタをとって殻をむき、片栗粉小さじ1と少量の水（各分量外）を加え、よく混ぜる。片栗粉がグレーになったら水洗いし、キッチンペーパーで水けをしっかり拭き、包丁でミンチ状にたたく。ボウルにAを入れて混ぜ、えびと詰め物の残りの材料を加えて粘りが出るまで混ぜ合わせ、4等分にしてレタスで包む。

❸ 煮汁を作る
フライパンまたは鍋にオリーブ油大さじ1を入れて弱めの中火にかけ、油が温かくなったら玉ねぎ、セロリを入れ、2分ほど炒める。しんなりしたら白ワインを加えて強火にし、ワインが⅓量になるまで煮詰める。

❹ 具材を加え、煮る
③に②のファルシをそっと加え、分量の水を加え、ふたをして弱めの中火で7分ほど中に火が通るまで煮る。器にファルシを盛る。

❺ 仕上げ
④にスナップえんどう、オリーブ油大さじ1を入れ、強火で煮汁を半量まで煮詰め、塩、こしょうで味を調える。煮汁をファルシにかけ、スナップえんどうはさやを開いてのせる。

→ グリンピースと肉だんごのブイヨン煮
(P.096)

→ かぼちゃと豚肉、ひよこ豆のサブジ風
(P.097)

グリンピースと肉だんごのブイヨン煮
Jardinière de petits pois aux boulettes de chair à saucisse

生のグリンピースを見かけたら、ぜひ作ってほしい1品。
肉だんごのうまみを吸い込み、くったり煮えたら食べごろです。

材料（2〜3人分）
グリンピース（あれば生、さやから出す）
　…200g
じゃがいも…1個（200g）
玉ねぎ…½個

【肉だんご】
豚ひき肉…200g
塩…小さじ⅓
こしょう…適量
フェンネルシード（あれば）…小さじ½

オリーブ油…大さじ1
白ワイン…½カップ
水…¾カップ
塩、こしょう…各適量
ローリエ…1枚

① 具材の準備
じゃがいもは2〜3cm角に切り、玉ねぎはみじん切りにする。

② 肉だんごを作る
ポリ袋に肉だんごの材料を入れ、粘りが出るまで練り混ぜる。ポリ袋から出し、手で小さめのボール状に丸める。

③ 肉だんごを焼き、とり出す
フライパンまたは鍋にオリーブ油大さじ½を入れて中火にかけ、油が熱くなったら②の肉だんごを入れ、表面を軽く焼いてとり出す。

④ 煮汁を作る
フライパンまたは鍋の余分な油脂をキッチンペーパーで吸いとり、オリーブ油大さじ½、玉ねぎを入れて弱めの中火にかけ、焦がさないように2分ほど炒める。しんなりしたら白ワインを入れて強火にし、ワインが⅓量になるまで煮詰める。

⑤ 具材を加え、煮る
グリンピース、じゃがいも、分量の水、塩小さじ⅓、ローリエを加えて火にかけ、煮立ったらふたをして弱めの中火で8分ほど煮る。③の肉だんごを加え、ふたをしてさらに3分ほど煮る。ふたをとって強火にし、煮汁を半量まで煮詰め、塩、こしょうで味を調える。

Point
肉だねはポリ袋に入れ、粘りが出るまで袋の上からよく練り混ぜる。

かぼちゃと豚肉、ひよこ豆のサブジ風
Fricassée de potiron aux lardons à la sabzi

スパイシーなカレーが、甘いかぼちゃにエッジをきかせます。
ホクホクのひよこ豆、味出しの豚肉を加え、ボリュームを出して。

材料（2〜3人分）
かぼちゃ…400g
玉ねぎ…½個
豚バラ肉（かたまり）…100g
ひよこ豆（ドライパック）…50g
A
　｜ 塩…小さじ⅓
　｜ こしょう…適量
オリーブ油…大さじ1
クミンシード…小さじ½
白ワイン、水…各½カップ
塩、こしょう…各適量
カレー粉…小さじ1

❶ 具材の準備
かぼちゃは種とワタをとり除き、皮つきのまま3cm角に切る。玉ねぎは薄切りにする。豚バラ肉は1cm角の棒状に切り、Aをすり込む。

❷ 具材を焼き、とり出す
フライパンまたは鍋にオリーブ油大さじ½を入れて中火にかけ、油が熱くなったら豚肉を入れてカリッとするまで焼き、かぼちゃを加えて炒め合わせ、全体に油が回ったらとり出す。

❸ 煮汁を作る
フライパンまたは鍋の余分な油脂をキッチンペーパーで吸いとり、オリーブ油大さじ½とクミンシードを入れ、中火にかける。油が温かくなったら玉ねぎを加え、弱めの中火で2分ほど炒める。しんなりしたら白ワインを加えて強火にし、ワインが⅓量になるまで煮詰める。

❹ 具材を加え、煮る
ひよこ豆、分量の水、塩小さじ½、カレー粉、②の豚肉、かぼちゃを加え、ふたをして弱めの中火で3〜5分煮る。かぼちゃに火が通ったらふたをとり、強火にして煮汁を半量まで煮詰め、塩、こしょうで味を調える。

Point
豚バラ肉はカリッとするまで炒めて余分な脂を落とし、かぼちゃを加えて炒め合わせる。

ごぼうと牛薄切り肉の赤ワイン煮
Bœuf aux salsifis et champignons, sauce vin rouge

ごぼうと牛肉の名コンビに、まいたけの香りと食感がアクセント。
バルサミコ酢をほんの少し加え、濃厚な味に仕上げて。

材料（2〜3人分）
ごぼう…（細めのもの）100g
まいたけ…1パック（100g）
玉ねぎ…½個
にんにく…小1かけ
牛薄切り肉…150g
A
　｜ 塩…小さじ⅓
　｜ こしょう…適量
バター…10g
サラダ油…大さじ2
赤ワイン…½カップ
塩、こしょう…各適量
B
　｜ 水…¾カップ
　｜ バルサミコ酢…大さじ1
　｜ ローリエ…1枚
　｜ 塩…小さじ½
粗びき黒こしょう…適量

❶ 具材の準備
ごぼうはタワシで皮をこすり洗いし、5cm長さの棒状に切り（太い場合は、縦2〜4等分に切る）、水に5分ほどつけて水けをきる。まいたけは粗くほぐす。玉ねぎ、にんにくは薄切りにする。牛肉は食べやすい大きさに切り、Aをすり込む。

❷ 肉、ごぼうを炒め、とり出す
フライパンにバターを入れて強めの中火にかけ、バターが溶けて泡立ち、少し茶色くなりはじめたら牛肉を広げて入れる。しばらく触らずに焼き、両面に軽く焼き色がついたら、とり出す。フライパンにサラダ油大さじ1を入れて中火にかけ、油が温まったらごぼうを入れ、5分ほど炒め、軽く塩、こしょうを振ってとり出す。

❸ 煮汁を作る
②のフライパンにサラダ油大さじ1、玉ねぎ、にんにくを入れ、弱めの中火で3分ほど炒める。軽く色がついたら赤ワインを加えて強火にし、ワインが⅓量になるまで煮詰める。

❹ 具材を加え、煮る
B、まいたけ、②のごぼうを加え、煮立ったらふたをし、弱めの中火で煮る。ごぼうがやわらかくなったら②の牛肉を加えて全体を混ぜ、塩、こしょうで味を調える。仕上げに粗びき黒こしょうを振る。

Point

ごぼうは5分ほどかけてしっかり炒め、油をよくコーティングして土っぽい香りをおさえる。

ピーマンのファルシ
Poivron farci

ピーマンの中に詰め込んだたらとじゃがいもの
クリーミーな味わい。
ピーマンのほろ苦さがアクセントに。

Point
ポリ袋の角を切って詰め物を絞り出すと、ピーマンに詰めやすい。

材料（2〜3人分）
ピーマン（緑、赤）…6個

【詰め物】
甘塩たらの切り身…1切れ
じゃがいも…2個
白ワイン（たらの下味用）…大さじ1
A
　おろしにんにく…小さじ⅓
　牛乳…大さじ2
　オリーブ油…大さじ2
　塩…小さじ¼
　こしょう…少々

玉ねぎのみじん切り…⅓個分
にんにくのみじん切り…小1かけ分
オリーブ油…大さじ2
白ワイン…½カップ
B
　トマトの水煮（ダイスカット缶）…½缶（200g）
　水…½カップ
　塩…小さじ½
塩、こしょう…各適量

❶ 詰め物を作る
たらは耐熱皿にのせて白ワインを振りかけ、ラップをかけて電子レンジで3分加熱し、粗熱をとって骨と皮をとり除く。じゃがいもは一口大に切って耐熱ボウルに入れ、ラップをかけて電子レンジで5分ほど加熱しやわらかくする。熱いうちに木ベラなどでなめらかになるまでつぶし、たらを加えてなめらかになるまで混ぜ、Aを加えてさらに混ぜる。かろうじて絞れるくらいのかたさが目安。かたいようなら牛乳少々（分量外）を加えて調節し、ポリ袋に入れる。

❷ ファルシを作る
ピーマンはヘタを切り落とし、種をとる（肉だねが外れにくいよう、筋はなるべく残す）。①のポリ袋の角を切り、ピーマンの中に絞り出す。

❸ 煮汁を作る
フライパンにオリーブ油大さじ1、玉ねぎ、にんにくを入れて弱めの中火で2分ほど炒める。しんなりしたら白ワインを加えて強火にし、ワインが⅓量になるまで煮詰める。

❹ 具材を加え、煮る
B、②のファルシを加え、煮立ったら火を弱め、ふたをして弱めの中火で10分ほど煮る。途中、ピーマンを一度返す。塩、こしょうで味を調え、オリーブ油大さじ1を全体に回しかける。

キャベツ、たけのこ、鶏肉のフリカッセ

Fricassée de poulet à la crème, garniture de bambou et de chou blanc

キャベツの鮮やかなグリーンが目にもおいしそうな春色の軽い煮込み。
かすかなえぐみのあるたけのこを加え、さらりと煮て仕上げます。

材料（2〜3人分）
キャベツ…¼個
ゆでたけのこ…150g
玉ねぎ…½個
鶏もも肉…大½枚（約150g）
A
 │ 塩…小さじ⅓
 │ こしょう…適量
サラダ油…小さじ1
バター…10g
白ワイン、水、生クリーム（乳脂肪分40％以上）
  …各½カップ
塩、こしょう…各適量

❶ 具材の準備
キャベツはざく切り、たけのこは食べやすい大きさに切る。玉ねぎは薄切りにする。鶏もも肉は一口大に切り、Aをすり込む。

❷ 肉を焼き、とり出す
鍋にサラダ油を入れて中火にかけ、油が熱くなったら鶏肉を入れてさっと炒め、表面の色が変わったらとり出す。

❸ 煮汁を作る
鍋の余分な油脂をキッチンペーパーで吸いとり、バターを入れて弱めの中火にかけ、バターが溶けて泡立ってきたら玉ねぎを入れ、2分ほど炒める。しんなりしたら白ワインを加えて強火にし、ワインが⅓量になるまで煮詰める。

❹ 具材を加え、煮る
分量の水、塩小さじ½、たけのこ、②の鶏肉を加えてふたをし、煮立ったら弱火にして5分ほど煮る。生クリームを加え、強火で煮詰めてほどよいとろみをつける。キャベツを加え、ふたをして1分ほど煮て、キャベツがしんなりしたら全体を混ぜ、塩、こしょうで味を調える。

Entrée
前菜にぴったりの軽い煮込み［野菜］

→ アスパラガスとそら豆の軽い煮込み
（P.106）

→ 夏野菜の重ねオリーブオイル煮
（P.106）

→ **ねぎとマッシュルームのギリシャ風ワイン煮**
 (P. 107)

→ **さつまいものレモンクリーム煮**
 (P. 107)

アスパラガスとそら豆の軽い煮込み

Salade d'asperges vertes et fèves au jambon cru

さっと火を通したグリーン野菜が目にも鮮やか。
食べるときに生ハムを加えると、味わいもゴージャスに。

材料（2～3人分）
グリーンアスパラガス…6本　　玉ねぎ…¼個
そら豆…10さや（正味90g）　　生ハム…適量
オリーブ油…大さじ1
白ワイン…⅓カップ
水…½カップ
塩、こしょう…各適量

① 具材の準備
アスパラガスは根元の固い部分をピーラーでむき、
長さを2～3等分に切る。そら豆はさやから出し、
薄皮をむく。玉ねぎはみじん切りにする。

② 煮汁を作る
鍋にオリーブ油を入れて弱めの中火にかけ、油が
温まったら玉ねぎを入れ、色づかないように2分
ほど炒める。しんなりしたら白ワインを加えて強
火にし、ワインが⅓量になるまで煮詰める。

③ 具材を加え、煮る
分量の水、アスパラガス、そら豆を加え、ふたを
して弱めの中火で1分ほど煮て、ふたをとって
強火で煮汁をほどよく煮詰める。塩、こしょうで
味を調え、粗熱がとれたら冷蔵庫で冷やす。器に
盛り、生ハムを添える。

夏野菜の重ねオリーブオイル煮

Salade de ratatouille froide

ラタトゥイユの「軽い煮込み」バージョンです。
野菜を火が通りにくい順に鍋に重ね、その都度塩、こしょうを振るのがコツ。

材料（2～3人分）
なす…2本　　　　　　トマト…2個
ズッキーニ…1本　　　玉ねぎ…1個
にんにく…1かけ
オリーブ油…大さじ4
白ワイン…½カップ
塩、こしょう…各適量
エルブドプロヴァンス※…小さじ½
※エルブドプロヴァンスは、タイムやセージ、
　ローズマリーなどが入ったハーブミックス

① 具材の準備
なすは1cm幅の輪切りにし、水に5分ほどつけ
てアク抜きをし、水けを拭く。ズッキーニは
1cm幅の輪切り、トマトはざく切りにする。玉
ねぎ、にんにくは薄切りにする。

② 煮汁を作る
鍋にオリーブ油大さじ1を入れて弱めの中火に
かけ、油が温まったら玉ねぎ、にんにくを入れ、
3分ほど炒める。しんなりしたら白ワインを加え
て強火にし、ワインが⅓量になるまで煮詰める。

③ 具材を加え、煮る
②の火を止め、①のなす、ズッキーニ、トマト
の順に、塩（全量で小さじ1程度）とこしょう
を振りながら重ね、エルブドプロヴァンスをちら
し、オリーブ油大さじ3を回しかけ、ふたをし
て弱めの中火にかける。煮立ったら弱火にして
10分ほど煮て、ふたをとって全体を混ぜ、強火
にして5分ほど煮詰め、塩、こしょうで味を調
える。熱々でも、冷やしても。

ねぎとマッシュルームのギリシャ風ワイン煮

Champignons et poireaux à la grecque

コリアンダーを利かせるのが、ギリシャ風。
ねぎはくったりするまで煮て、甘みととろりとした食感を出します。

材料（2〜3人分）
ねぎ…1本　マッシュルーム…2パック（200g）
にんにく（つぶす）…小1かけ
オリーブ油…大さじ2
コリアンダー（粒）…小さじ1弱
A
│ 白ワイン…½カップ　ローリエ…1枚
│ レモンの輪切り（国産）…2枚
塩、こしょう…各適量
赤ワインビネガー（白でも）…大さじ1

❶ 具材の準備
ねぎは2cm幅に切る。マッシュルームは石づき
をとり、大きければ半分に切る。

❷ 煮汁を作る
鍋にオリーブ油、コリアンダー、にんにくを入れ
て弱火にかけ、香りが出てきたら、ねぎ、マッシュ
ルームを入れ、軽く炒める。全体に油がなじんだ
らAを入れ、強火にして煮立たせ、塩小さじ½、
こしょう少々を加え、ふたをして弱火で5分ほ
ど煮る。

❸ 具材を加え、煮る
ねぎがやわらかくなったら、ふたをとって強火で
煮汁を半量まで煮詰め、塩、こしょうで味を調え、
ワインビネガーを加える。ひと煮立ちしたら火を
止める。

さつまいものレモンクリーム煮

Patate douce aux amandes et zeste de citron

さつまいもの甘みにレモンの酸味、生クリームを加えたデザート風。
コンテチーズなどと一緒に食べると、なおおいしい。

材料（2〜3人分）
さつまいも…300g
バター…10g
A
│ 水…½カップ
│ 砂糖…大さじ1
│ レモン汁…大さじ1
生クリーム（乳脂肪分40%以上）…大さじ2
レモンの皮のすりおろし…適量
スライスアーモンド（ロースト）…適量

❶ 具材の準備
さつまいもは1.5〜2cm幅の棒状に切り、水に
5分ほどつけてアクを抜き、水けをきる。

❷ 煮る
鍋にバターを入れて弱めの中火にかけ、バターが
溶けて泡立ってきたら①を加え、さっと炒める。
バターがからんだらAを加え、ふたをしてさつ
まいもがやわらかくなるまで5〜7分煮る。

❸ クリームを加え、煮る
②のふたをとり、強火にして煮汁が半量くらい
になるまで煮詰め、生クリームを加えてとろみが
出るまで煮詰める。器に盛り、レモンの皮のすり
おろし、スライスアーモンドを散らす。熱々でも、
冷やしても、どちらもおいしい。

Entrée
前菜にぴったりの軽い煮込み［果物］

→ ルバーブといちごの軽い煮込み
　(P.110)

→ グレープフルーツとセロリの白ワイン煮
　(P.110)

→ パイナップルとドライフルーツの白ワイン煮
　(P.111)

→ りんごとプルーンの赤ワイン煮
　(P.111)

ルバーブといちごの軽い煮込み

Salade rhubarbe et fraise aromatisée au romarin

ルバーブの酸味といちごの甘みが合わさり、
なんともいえないおいしさに。モッツァレラチーズと一緒にもおすすめ。

材料（2〜3人分）
ルバーブ[※1]… 200g
いちご[※2]… 1パック
砂糖… 50g
ローズマリーの枝… 2cm

※1 ルバーブはジャムで代用しても。その場合は砂糖を使用せず、
　　ルバーブジャムとフレッシュのいちごを混ぜてしばらくおいてから
　　軽く煮る。
※2 いちごはフレッシュが手に入らない場合は冷凍でも構いません。

❶ 具材の準備
ルバーブは2cm長さに切る。いちごはヘタをとる。鍋にローズマリー以外の材料を入れ、全体を混ぜて20分ほどおく。

❷ 煮る
①の水分が出てきたら弱めの中火にかける。煮立ったら全体を混ぜて2分ほど煮て、火を止め、ローズマリーを入れる。

グレープフルーツとセロリの白ワイン煮

Salade de pamplemousse et céleri sauce vin blanc

さわやか素材を組み合わせ、さらにしょうがを利かせます。
グレープフルーツの果汁が、ドレッシングのような役割に。

材料（2〜3人分）
セロリ… 2本（200g）
グレープフルーツ（ホワイト）… 1個
玉ねぎ… ½個
オリーブ油… 大さじ2
白ワイン、水… 各⅓カップ
塩、こしょう… 各適量
しょうがの薄切り… 2枚

❶ 具材の準備
セロリは筋をとり、1cm幅の斜め切りにする。グレープフルーツは皮をむき、房から果肉をとり出す。玉ねぎは薄切りにする。

❷ 煮汁を作る
鍋にオリーブ油を入れて弱めの中火にかけ、油が温まったらセロリ、玉ねぎを入れ、焦がさないように2分ほど炒める。しんなりしたら白ワインを加えて強火にし、ワインが⅓量になるまで煮詰める。分量の水、塩小さじ⅓、こしょうで味を調えてしょうがを加え、1分ほど煮て、火を止める。

❸ 具材を加え、煮る
グレープフルーツを加えて全体を混ぜ、塩、こしょうで味を調える。冷蔵庫で冷やす。

パイナップルとドライフルーツの白ワイン煮

Salade d'ananas aux fruits secs

スイートピクルス風のワイン煮。
ドライフルーツは長めに、パイナップルはさっと煮上げます。

材料（2〜3人分）
パイナップル（生）… 正味 300g
ドライいちじく… 3個
ドライアプリコット… 20g
白ワイン、水… 各½カップ
コリアンダー（粒）… 8粒
バニラビーンズ（あれば）… 少々

① 具材の準備
パイナップルは皮と芯をとり除き、3cm角に切る。ドライいちじく、アプリコットはさっと洗う。

② 煮る
鍋にパイナップル以外の材料を入れて中火にかけ、煮立ったら弱火にして5分ほど煮る。パイナップルを加え、煮立ったら火を止める。粗熱がとれたら、冷蔵庫で冷やす。

りんごとプルーンの赤ワイン煮

Pomme pochée au vin rouge

一晩冷蔵庫で冷やし、りんごにワインを染み込ませます。
豚肉のソテーやバニラアイスと共に食べるのも、また美味。

材料（2〜3人分）
りんご（できれば紅玉）… 2個
A
 ドライプルーン… 4〜6個
 砂糖… 60g
 赤ワイン、水… 各1カップ

① 具材の準備
ドライプルーンは熱湯に3分ほどつけ、湯をきっておく。りんごは皮をむいて4等分にし、芯をとる（変色を防ぐため、作業直前にむくこと）。

② 煮る
鍋にAを入れて火にかけ、煮立てて砂糖を溶かす。りんごを加え、キッチンペーパーで落としぶたをし、弱火で10分ほど煮る。そのまま冷まし、粗熱がとれたら保存容器などに移して冷蔵庫で一晩おき、りんごにワインを染み込ませる。

Soupes
スープ

心もカラダも温めてくれる料理といえば、スープです。
このパートでは、メインになるスープばかりを
ご紹介します。

→ ブイヤベース
(P.114)

ブイヤベース
Bouillabaisse

魚介のおいしいエキスがこれ以上ないほど詰まったスープ。
味の出るあさりは必ず入れ、他の魚介はお好みで加えてください。
サフランできれいな黄色とほんのり甘い香りを利かせます。

材料（2〜3人分）
あさり…15個
えび（ブラックタイガーなど）…3〜6尾
ムール貝…3個
白身魚の切り身（たいなど）…1切れ（150g）
トマト…小1個
玉ねぎ…½個
にんにく…1かけ
サフラン…小さじ⅓
オリーブ油…大さじ4
白ワイン…½カップ
水…2½カップ
ローリエ…1枚
塩、こしょう…各適量

❶ 具材の準備

あさりはP.065同様に、えびはP.066同様に、ムール貝はP.072同様に下処理する。白身魚は半分に切る。トマトは湯むきにし、小さめの角切りにする。玉ねぎは薄切り、にんにくはみじん切りにする。サフランは湯⅓カップ（分量外）につけてもどす。

❷ 魚介を焼き、とり出す

鍋にオリーブ油大さじ1を入れて中火にかけ、油が熱くなったら、えび、白身魚を焼きつけ、表面に軽く焼き色がついたら、とり出す。

❸ 煮汁を作る

②の鍋にオリーブ油大さじ3、玉ねぎ、にんにくを入れて弱火にかけ、焦がさないように2分ほど炒める。玉ねぎがしんなりしたらトマトを入れてさっと炒める。全体に油が回ったら白ワインを加える。

❹ ワインを煮詰める

強火にして鍋底を木ベラでこすりながらワインが⅓量になるまで煮詰める。

❺ 調味する

④に分量の水、ローリエ、①のサフランをもどした水ごと入れ、10分ほど煮る。

❻ 具材を加え、煮る

②のえび、白身魚とあさり、ムール貝を入れ、ふたをして貝の口が開くまで蒸し煮にし、塩、こしょうで味を調える。貝は火を通し過ぎるとかたくなるので、口が開いたらすぐに火を止める。

ボルシチ
Soupe de betterave au bœuf

赤くてほんのり甘みのある野菜、ビーツが主役のスープ。
牛肉もたっぷり、でもあくまでビーツを引き立たせる役割として加えます。

材料（2〜3人分）
ビーツ…150g
にんじん…½本
玉ねぎ…1個
にんにく…小1かけ
牛薄切り肉…150g
A
｜塩、こしょう…各少々
サラダ油…大さじ2
白ワイン…½カップ
水…2½カップ
塩、こしょう…各適量
サワークリーム…適量

❶ 具材の準備
ビーツ、にんじんはスライサーやチーズ削り器で細く削るか、細切りにする。玉ねぎ、にんにくは薄切りにする。牛肉は食べやすく切り、Aを振る。

❷ 肉を焼き、とり出す
鍋にサラダ油大さじ1を入れて強めの中火にかけ、油が十分に熱くなったら牛肉を広げて入れる。しばらく触らず、軽く焼き色がついたら返し、両面に焼き色をつけてとり出す。

❸ 煮汁を作る
②の鍋にサラダ油大さじ1を入れ、玉ねぎ、にんにくを入れ、弱めの中火で3分ほど炒める。しんなりしたら白ワインを加え、強火にしてワインが⅓量になるまで煮詰める。

❹ 具材を加え、煮る
分量の水、塩小さじ⅓、ビーツ、にんじんを加え、煮立ったら弱火にし、ふたをずらしてのせ、8分ほど煮る。野菜がやわらかくなったら②の牛肉を加え、煮立ったらアクをとり、塩、こしょうで味を調える。煮汁が少なくなった場合は、水適量を足す。器に盛り、好みでサワークリームを添える。

Point
ビーツはかたく、大きいままゆでると時間がかかるので、スライサーで削るとよい。

レンズ豆とベーコンのスープ

Soupe de lentilles aux lardons

一口ごとにクセになるような、滋味に富むスープ。
ベーコンをアクセントに、レンズ豆は少し煮くずれる程度に煮込みます。

材料（2〜3人分）
レンズ豆…100g
ベーコン（ブロック）…30g
玉ねぎ…½個
にんにく…大1かけ
オリーブ油…大さじ1
白ワイン…½カップ
水…2½カップ
ローリエ…1枚
塩、こしょう…各少々

❶ 具材の準備
鍋に湯を沸かし、レンズ豆を入れて5分ほど下ゆでをし、湯をきる。玉ねぎ、にんにくはみじん切りにする。ベーコンは棒状に切る。

❷ 具材を炒める
鍋にオリーブ油を入れて中火にかけ、油が温まったら玉ねぎ、にんにく、ベーコンを入れてさっと炒める。レンズ豆を加え、1分ほど炒める。

❸ 煮る
白ワインを加え、強火にして⅓量になるまで煮詰める。分量の水、ローリエを入れ、煮立ったらアクをとり、ふたをずらしてのせる。途中、ときどき混ぜながら豆がやわらかくなって軽く煮くずれるまで、弱火で15分ほど煮て、塩、こしょうで味を調える。水分が少なくなった場合は、水適量を足す。

Point
レンズ豆の名の由来は、凸レンズに形が似ていることから。ここで使用したのはフランス産の黒っぽいもの（右）。よく見かける薄緑色のもの（左）で代用しても。

グーラッシュ
Goulache de porc

ハンガリー生まれのパプリカパウダーで作るスープ。素朴な材料で作るので、どこか懐かしい味わいです。

材料（2〜3人分）
豚肩ロース薄切り肉…150g
セロリ…50g
玉ねぎ…1個
じゃがいも…1個
にんじん…½本
にんにく…小1かけ
A
│ 塩、こしょう…各適量
サラダ油…大さじ2
赤ワイン…⅓カップ
B
│ 水…2カップ
│ トマトの水煮（ダイスカット缶）…½缶（200g）
│ パプリカパウダー…大さじ1½
│ 塩…小さじ½
塩、こしょう、パプリカパウダー…各適量

❶ 具材の準備
セロリは筋をとり、玉ねぎ、じゃがいもと共に1.5cm角に切り、にんじんはいちょう切り、にんにくは薄切りにする。豚肉は食べやすく切り、Aを振る。

❷ 肉を焼き、野菜を炒める
鍋にサラダ油大さじ1を入れて強めの中火にかけ、油が十分に熱くなったら豚肉を広げて入れる。しばらく触らず、両面に焼き色をつけ、とり出す。サラダ油大さじ1を熱し、じゃがいも以外の野菜を入れ、弱火で3分ほど炒める。

❸ 煮る
しんなりしたら赤ワインを加え、強火にしてワインが⅓量になるまで煮詰める。B、じゃがいもを加え、煮立ったら弱火にし、ふたをずらしてのせ8分ほど煮る。野菜がやわらかくなったら豚肉を加え、煮立ったらアクをとり、塩、こしょうで味を調える。煮汁が少ない場合は、水適量を足す。器に盛り、パプリカパウダーを振る。

じゃがいもと たら、ねぎのスープ
Bouillon de légumes au cabillaud

少しくずしたたらとじゃがいもに、
牛乳を加えた穏やかな味わいのスープ。具材のねぎ、薬味の玉ねぎで
それぞれ違う甘みを出すのがポイントです。

材料（2〜3人分）
甘塩たらの切り身…1切れ
じゃがいも…大1個
ねぎ…1本
玉ねぎ…½個
にんにく…小1かけ
バター…15g
白ワイン…½カップ
水…2カップ
牛乳…1カップ
塩、こしょう…各適量

❶ 具材の準備
じゃがいもはいちょう切り、ねぎは斜め切りに、玉ねぎ、にんにくは薄切りにする。たらは骨と皮をとる。

❷ 具材を炒める
鍋にバターを入れて弱めの中火にかけ、バターが溶けて泡立ってきたら、玉ねぎ、にんにくを焦がさないように3分炒める。

❸ 煮る
白ワインを加え、強火にしてワインが⅓量になるまで煮詰める。分量の水、じゃがいも、ねぎを加え、弱めの中火にしてふたをずらしてのせ、10分ほど煮る。じゃがいもが煮くずれはじめたら、たらを加えて火を通し、木ベラなどでじゃがいもとたらをざっくりとくずす。牛乳を加え、塩、こしょうで味を調える。煮汁が少ない場合は、水適量を足す。

Column 週末のゆっくりごはん
食後のチーズつまみ

カマンベールフォンデュ
Camembert chaud aux lardons

加熱したとろ〜りチーズに、
パンや野菜をつけてめし上がれ。
ベーコンの塩け、こしょうがピリッとアクセント。

材料（作りやすい分量）
カマンベールチーズ…1個
ベーコン…½枚
粗びき黒こしょう…適量
ラディッシュ、パンなど…各適量

作り方
❶ カマンベールチーズは上部を薄く切りとる。ベーコンは細かく切り、チーズの上にのせる。
❷ オーブントースターの天板にアルミホイルを敷き、①をのせ、チーズがやわらかくなるまで8分ほど焼き、粗びき黒こしょうを振る。ラディッシュやカリカリに焼いたパンにつけて食べる。

チーズとナッツのガレット
Tuiles de fromage

カリカリナッツと、
香ばしいチーズがたまりません。
手づかみでパクリとどうぞ。

材料（作りやすい分量）
ピザ用チーズ…30g
ミックスナッツ…小さじ2

作り方
❶ ミックスナッツは細かく砕く。
❷ フッ素樹脂加工のフライパンに隙間を空けてチーズをひとつまみずつ（3〜5g）のせる。弱火にかけ、チーズが溶けて広がり、表面がぶくぶくと泡立ち、全体に焼き色がついたら①を散らす。キッチンペーパーにとり出し、油をきる。

いちじくと
ブルーチーズの生ハム添え
Assiette de figues fraîches, roquefort et jambon cru

濃厚チーズに熟したいちじく、生ハムの塩けが
ベストマッチ。ワインが進む組み合わせです。

材料（2人分）
いちじく…1個
ブルーチーズ…適量
生ハム…4枚
粗びき黒こしょう…適量

作り方
❶ いちじくを皮つきのまま4等分に切る。ブルーチーズは食べやすく切る。
❷ 器に①、生ハムを盛り合わせ、全体に粗びき黒こしょうを振る。

モッツァレラチーズと
ドライトマト、オリーブのカクテル
Cocktail de cornichons, tomates séchées, olives et mozzarella

うまみが強くクセのある素材をチーズと共に
オイルに漬けるだけでやみつきの味に！

材料（作りやすい分量）
モッツァレラチーズ（一口サイズ）…1袋
ドライトマト…3枚　コルニッション[1]…6本
オリーブ（黒、緑）…計½カップ
エルブドプロヴァンス[2]…小さじ⅓
バルサミコ酢…大さじ1　オリーブ油…大さじ4

[1] コルニッションは、フランスの小ぶりなきゅうりのピクルス
[2] エルブドプロヴァンスは、タイムやセージ、ローズマリーなどが入ったハーブミックス

作り方
❶ モッツァレラチーズは水けをきり、キッチンペーパーで余分な水分を拭く。ドライトマトはぬるま湯に3分ほどつけてやわらかくし、コルニッションと共に食べやすく切る。
❷ ボウルに材料全てを入れてよく混ぜ、ガラス瓶などに入れる。

Column 週末のゆっくりごはん
食後のデザート

ムスリーヌ・ショコラ
Crème mousseline au chocolat

口の中でフワ〜ッと溶ける、ビタースイーツ。
1人分ずつ器に入れて冷やし固めても。

材料（2〜3人分）
チョコレート（製菓用スイートチョコ）…100g
生クリーム（乳脂肪40%以上のもの）…1カップ
ブランデー（あれば）…小さじ1

作り方
❶ チョコレートは細かく刻む。
❷ 鍋に生クリームを入れて火にかけ、煮立つ直前で火を止める。①を加えて1分ほどおき、チョコレートが溶けたら全体をよく混ぜ、冷ます。
❸ ②をボウルに移し、ブランデーを加えて混ぜ、ボウルを氷水にあてながら泡立て器でチョコクリームが絞れるくらいの固さになるまで泡立てる。好みの器に入れ、冷蔵庫で1時間ほど冷やす。

いちごゼリー
Gelée de fraise

いちごのおいしさをそのままに、
ゼラチンで固めます。ふるふるとゆれるくらい、
ゆるめにするのがおすすめ。

材料（2〜3人分）
いちご…1パック
砂糖…大さじ2
ゼラチン…5g　水…大さじ3

作り方
❶ ゼラチンは分量の水に振り入れ、ふやかす。いちごはヘタをとる。
❷ ミキサーにいちご、砂糖を入れて攪拌し、なめらかなジュース状にする。
❸ ①のふやかしたゼラチンを電子レンジで15秒加熱し、混ぜてゼラチンを溶かす（溶けきらない場合は、さらに電子レンジで加熱する。決して沸騰させないこと）。
❹ ②をボウルに移し、③を加え、混ぜながらダマにならないように溶かす。好みの容器に入れ、冷蔵庫で1時間ほど冷やし固める。

レモンカスタード

Crème pâtissière au citron

レモンの酸味がきいたカスタード風味のデザート。
そのまま食べても、パンにのせても。

材料（2〜3人分）
小麦粉…20g
砂糖…50g
牛乳…220ml
卵黄…2個
レモン汁…40ml

作り方
❶ 大きめの耐熱ボウルに小麦粉、砂糖を入れ、泡立て器でよく混ぜ合わせる。
❷ 鍋に牛乳を入れて火にかけ、煮立たせる。熱々のうちに①に加え、泡立て器でとろみがつくまで手早く混ぜる。
❸ ②にラップをかけずに電子レンジで1分30秒〜2分、煮立つまで加熱する。とり出してよく混ぜ、卵黄を加えて手早く混ぜ、レモン汁を加えてさらに混ぜる。ボウルを氷水にあてながら泡立て器で混ぜ、粗熱をとる。

アイスクリームの
はちみつナッツがけ

Coupe glacée vanille, miel et noix mélangées

はちみつとスパイスを混ぜたナッツを
アイスにかけるだけ。
ブランデーをかけると大人の味わいになります。

材料（2〜3人分）
バニラアイスクリーム…小2個
ミックスナッツ…（粗く刻んで）大さじ2
はちみつ…大さじ1
シナモン、ナツメグ（好みで）…各少々

作り方
❶ はちみつ、ナッツ、シナモン、ナツメグをよく混ぜ合わせる。
❷ 器にアイスクリームを盛り、①をかける。

材料別INDEX

※薬味として使用している玉ねぎ、にんにくなどは除いています。

肉・肉の加工品

き 牛肉
- 牛肉のクスクス ... P.042
- ビーフストロガノフ ... P.044
- ごぼうと牛薄切り肉の赤ワイン煮 ... P.098
- ボルシチ ... P.116

そ ソーセージ
- ソーセージとじゃがいものオリーブ&レモンソース ... P.049
- 白いんげん豆とソーセージの白ワイン煮 ... P.090

と 鶏肉
- 手羽元とプチオニオンの白ワイン煮 ... P.030
- 骨つき鶏もも肉の赤ワイン煮 ... P.031
- 鶏肉のパロワーズ ... P.036
- ささ身とレタスのレモンクリーム煮 ... P.038
- 鶏もも肉の煮込み かぶのソース ... P.039
- 鶏肉のクネルとアスパラガスのクリーム煮 ... P.046
- きのこと鶏胸肉のクリーム煮 ... P.088
- キャベツ、たけのこ、鶏肉のフリカッセ ... P.102

な 生ハム
- ささ身とレタスのレモンクリーム煮 ... P.038
- アスパラガスとそら豆の軽い煮込み ... P.104
- いちじくとブルーチーズの生ハム添え ... P.123

ひ ひき肉
- パセリ風味の肉だんごと卵のトマト煮込み ... P.048
- レタスのファルシ ... P.092
- グリンピースと肉だんごのブイヨン煮 ... P.094

羊肉
- ラムのナヴァラン ... P.040

ふ 豚肉
- 豚肩ロースとキャベツのビネガー煮 ... P.019
- 豚肉のシャルキュティエール ... P.022
- 豚肉の薄切りロールときのこの煮込み ... P.024
- 豚フィレとりんごのクリーム煮 ... P.026
- 豚肩ロースとドライフルーツの白ワイン煮 ... P.028
- 豚肉のバスケーズ ... P.034
- かぼちゃと豚肉、ひよこ豆のサブジ風 ... P.095
- グーラッシュ ... P.120

へ ベーコン
- 骨つき鶏もも肉の赤ワイン煮 ... P.031
- モツの白ワイン煮 ... P.050
- 白身魚のベーコン巻き 南仏風 ... P.083
- レンズ豆とベーコンのスープ ... P.118
- カマンベールフォンデュ ... P.122

も モツ
- モツの白ワイン煮 ... P.050

れ レバー
- 鶏レバーの赤ワイン煮 ... P.052

魚介・魚介の加工品

あ あさり
- たらとあさり、カリフラワーの白ワイン煮 ... P.063
- ブイヤベース ... P.113

アンチョビー
- 白身魚のオリーブソース ... P.078

い いか
- いかのファルシ ... P.068

え えび
- えびとじゃがいものトマトクリーム煮 ... P.062
- 魚介のフリカッセ ... P.066
- レタスのファルシ ... P.092
- ブイヤベース ... P.113

か かき
- かきとねぎのフリカッセ ... P.060

かじき
- かじきのトマトケッパーソース ... P.080

かに
- カリフラワーとかにのフリカッセ ... P.085

さ 鮭・サーモン
- 鮭のフリカッセ ... P.055

さば
- さばのオニオンマスタードビネガー煮 ... P.074

さんま
- さんまの赤ワイン煮 ... P.058

し 白身魚（たいなど）
- 白身魚のオリーブソース ... P.078
- 白身魚のベーコン巻き 南仏風 ... P.083
- ブイヤベース ... P.113

た たこ
- たことセロリの軽い煮込み レモンクミン風味 ... P.070

たら
- たらとあさり、カリフラワーの白ワイン煮 ... P.063
- ピーマンのファルシ ... P.100
- じゃがいもとたら、ねぎのスープ ... P.121

は はまぐり
- 魚介のフリカッセ ... P.066

ふ ぶり
- ぶりの軽い煮込み ジンジャーバルサミコ風味 ... P.082

ほ ほたて
- 魚介のフリカッセ ... P.66
- ほたて貝柱とゆり根のフリカッセ ... P.076

む ムール貝
- ムール貝とクレソンのクリームソース ... P.072
- ブイヤベース ... P.113

野菜

あ アスパラガス
- 鶏肉のクネルとアスパラガスのクリーム煮 ... P.046
- アスパラガスとそら豆の軽い煮込み ... P.104

か かぶ
- 鶏もも肉の煮込み かぶのソース ... P.039
- ラムのナヴァラン ... P.040
- 牛肉のクスクス ... P.042

かぼちゃ
- かぼちゃと豚肉、ひよこ豆のサブジ風 ... P.095

カリフラワー
- たらとあさり、カリフラワーの白ワイン煮 ... P.063

カリフラワーとかにのフリカッセ P.085

き キャベツ
豚肩ロースとキャベツのビネガー煮 P.019
キャベツ、たけのこ、鶏肉のフリカッセ P.102

く グリンピース
グリンピースと肉だんごのブイヨン煮 P.094
クレソン
ムール貝とクレソンのクリームソース P.072

こ ごぼう
ごぼうと牛薄切り肉の赤ワイン煮 P.098

さ さやいんげん
ラムのナヴァラン P.040

す ズッキーニ
牛肉のクスクス P.042
いかのファルシ P.068
夏野菜の重ねオリーブオイル煮 P.104

せ セロリ
ささ身とレタスのレモンクリーム煮 P.038
モツの白ワイン煮 P.050
たことセロリの軽い煮込み　レモンクミン風味 P.070
グレープフルーツとセロリwの白ワイン煮 P.108
グーラッシュ P.120

そ そら豆
アスパラガスとそら豆の軽い煮込み P.104

た たけのこ
キャベツ、たけのこ、鶏肉のフリカッセ P.102
玉ねぎ・小玉ねぎ
手羽元とプチオニオンの白ワイン煮 P.030
鶏肉のパロワーズ P.036
さばのオニオンマスタードビネガー煮 P.074
夏野菜の重ねオリーブオイル煮 P.104
ボルシチ P.116
グーラッシュ P.120

と トマト・トマトの水煮
豚肉のシャルキュティエール P.022
パセリ風味の肉だんごと卵のトマト煮込み P.048
えびとじゃがいものトマトクリーム煮 P.062
いかのファルシ P.068
かじきのトマトケッパーソース P.080
白いんげん豆とソーセージの白ワイン煮 P.090
夏野菜の重ねオリーブオイル煮 P.104
ブイヤベース P.113

な なす
夏野菜の重ねオリーブオイル煮 P.104

に にんじん
ラムのナヴァラン P.040
牛肉のクスクス P.042
モツの白ワイン煮 P.050
ボルシチ P.116
グーラッシュ P.120

ね ねぎ
かきとねぎのフリカッセ P.060
ねぎとマッシュルームのギリシャ風ワイン煮 P.105
じゃがいもとたら、ねぎのスープ P.121

は 白菜

鮭のフリカッセ P.055
パプリカ（赤・黄）
豚肉のバスケーズ P.034

ひ ビーツ
ボルシチ P.116
ピーマン
豚肉のバスケーズ P.034
ピーマンのファルシ P.100

る ルバーブ
ルバーブといちごの軽い煮込み P.108

れ レタス
ささ身とレタスのレモンクリーム煮 P.038
レタスのファルシ P.092
れんこん
鶏レバーの赤ワイン煮 P.052

ゆ ゆり根
ほたて貝柱とゆり根のフリカッセ P.076

きのこ類

え エリンギ
えびとじゃがいものトマトクリーム煮 P.062
きのこと鶏胸肉のクリーム煮 P.088

し しいたけ
豚肉の薄切りロールときのこの煮込み P.024
きのこと鶏胸肉のクリーム煮 P.088
しめじ
豚肉の薄切りロールときのこの煮込み P.024
きのこと鶏胸肉のクリーム煮 P.088

ま まいたけ
ごぼうと牛薄切り肉の赤ワイン煮 P.098
マッシュルーム
骨つき鶏もも肉の赤ワイン煮 P.031
ビーフストロガノフ P.044
魚介のフリカッセ P.066
きのこと鶏胸肉のクリーム煮 P.088
ねぎとマッシュルームのギリシャ風ワイン煮 P.105

いも類

さ さつまいも
さつまいものレモンクリーム煮 P.105

し じゃがいも
ソーセージとじゃがいものオリーブ＆レモンソース P.049
えびとじゃがいものトマトクリーム煮 P.062
グリンピースと肉だんごのブイヨン煮 P.094
ピーマンのファルシ P.100
グーラッシュ P.120
じゃがいもとたら、ねぎのスープ P.121

豆類

し 白いんげん豆
白いんげん豆とソーセージの白ワイン煮 P.090

ひ ひよこ豆
かぼちゃと豚肉、ひよこ豆のサブジ風 P.095

れ レンズ豆
レンズ豆とベーコンのスープ P.118

上田淳子 Junko Ueda

料理研究家。神戸市生まれ。辻学園調理技術専門学校卒業後、同校の西洋料理研究職員を経て渡欧。スイスのホテルやベッカライ（パン屋）、フランスではミシュランの星つきレストラン、シャルキュトリー（ハム・ソーセージ専門店）などで約3年間料理修業を積む。帰国後、シェフパティシエを経て、料理研究家として独立。自宅で料理教室を主宰するほか、雑誌やテレビ、広告などで活躍。ワインに合う日本食の提案イベントや、双子の男の子の母としての経験をいかした子どもの食育についての活動も行う。確かな技術とわかりやすい教え方に定評がある。著書は『るすめしレシピ』（自由国民社）、『はじめてのシャルキュトリー』（河出書房新社）、『フランス人は、3つの調理法で野菜を食べる。』（小社）など多数。

フランス人が好きな3種の軽い煮込み。 NDC 596

2017年 9月18日　発　行
2024年12月10日　第8刷

著　者　上田淳子（うえだじゅんこ）

発行人　小川雄一
発行所　株式会社 誠文堂新光社
　　　　〒113-0033　東京都文京区本郷3-3-11
　　　　https://www.seibundo-shinkosha.net/

印刷・製本　株式会社 大熊整美堂

©2017, Junko Ueda.
Printed in Japan
検印省略　禁・無断転載

落丁・乱丁本はお取り替え致します。

本書のコピー、スキャン、デジタル化等の無断複製は、著作権法上での例外を除き、禁じられています。
本書を代行業者等の第三者に依頼してスキャンやデジタル化することは、
たとえ個人や家庭内での利用であっても著作権法上認められません。

本書に掲載された記事の著作権は著者に帰属します。
これらを無断で使用し、展示・販売・レンタル・講習会などを行うことを禁じます。

JCOPY 〈(一社)出版者著作権管理機構 委託出版物〉
本書を無断で複製複写（コピー）することは、著作権法上での例外を除き、禁じられています。
本書をコピーされる場合は、そのつど事前に、(一社)出版者著作権管理機構
（電話 03-5244-5088／FAX 03-5244-5089／e-mail:info@jcopy.or.jp）の許諾を得てください。

ISBN978-4-416-61790-8

Staff

撮影：新居明子
ブックデザイン：福間優子
スタイリング：花沢理恵
フランス語訳：Adélaïde GRALL ／ Juli ROUMET
校正：ヴェリタ
編集：飯村いずみ
調理アシスタント：大溝睦子

◎撮影協力
・ジョイント
（リーノ・エ・リーナ、ベルトッツィ、トリュフ）
03-3723-4270
・デニオ総合研究所
（Luigi Bormioli, Le Parfait, La Rochère, T&G）
03-6450-5711
・ツヴィリング J.A. ヘンケルス ジャパン
（STAUB, BALLARINI）
0120-75-7155
・ル・クルーゼ
カスタマーダイヤル：03-3585-0198